I0119774

William Shakespeare

Dramatische Werke

William Shakespeare

Dramatische Werke

ISBN/EAN: 9783741167577

Hergestellt in Europa, USA, Kanada, Australien, Japan

Cover: Foto ©Andreas Hilbeck / pixelio.de

Manufactured and distributed by brebook publishing software (www.brebook.com)

William Shakespeare

Dramatische Werke

William Shakespeare's
Dramatische Werke.

Uebersetzt

von

Friedrich Bodenstedt, Nicolaus Delius, Ferdinand Freiligrath, Otto Gildemeister, Georg Herwegh, Paul Heyse, Hermann Kurz, Adolf Wilbrandt.

Nach der Textrevision und unter Mitwirkung von Nicolaus Delius.

Mit Einleitungen und Anmerkungen.

Herausgegeben

von

Friedrich Bodenstedt.

Zweiundzwanzigstes Bändchen.

Leipzig:
F. A. Brockhaus.
1869.

K

Titus Andronicus.

Von

William Shakespeare.

Uebersetzt

von

Nicolaus Delius.

Mit Einleitung und Anmerkungen.

Leipzig:
F. A. Brockhaus.

1869.

Titus Andronicus.

Einleitung.

In der großen Familie der Shakespeare'schen Dramen ist die „höchst klägliche römische Tragödie von Titus Andronicus" von jeher wie eine Art Aschenbrödel angesehen worden: man duldete sie in irgendeinem abgelegenen Winkel aller Ausgaben und Uebersetzungen, weil sie eben immer zur Familie gehört hatte, aber man behandelte sie möglichst schlecht und protestirte unablässig gegen ihr vermeintliches Anrecht, sich da zu befinden, wo sie sich einmal befand. Shakespeare könne unmöglich der Vater eines so widerwärtigen Geschöpfes sein, dazu sei es zu häßlich — meinten die einen, und darunter gerade solche, die, unbeschadet ihres gewaltigen Respects vor Shakespeare's gutem Geschmacke, doch an seinen echten Kindern die häßlichsten Flecken zu entdecken und nachzuweisen verstanden. Aber wenn Shakespeare gar keinen Antheil an diesem Wechselbalg hatte — so lautet der selbstverständliche Einwand —, wie gerieth denn der „Titus Andronicus" nicht nur in die von Shakespeare's Freunden besorgte erste Gesammtausgabe seiner Dramen (1623), sondern wurde auch noch bei Shakespeare's Lebzeiten von Leuten, die es wohl wissen konnten, als ein unzweifelhaft Shakespeare'sches Werk angeführt? Ja — erwidern die andern auf diesen Einwurf —, Shakespeare hat den „Titus Andronicus" allerdings nicht geschrieben, aber er hat ihn stellenweise verbessert —, ohne daß es diesen Kritikern jedoch gelingen will, diese angeblichen Shakespeare'schen Verbesserungen, die sich doch einigermaßen handgreiflich zu ihrem Vortheil von dem Stil und Inhalt des ursprünglichen, angeblich miserabeln Machwerks unterscheiden müßten, irgendwie deutlich zu machen. Im Gegentheil. Wenn irgendein Drama sich als das Werk einer Hand durch seinen ganzen Verlauf, stilistisch und metrisch, jedem unbefangenen Blicke darstellt, so ist es unser „Titus Andronicus" in der Gestalt, in der er uns vorliegt.

Sehen wir denn zunächst, wie sich zu dieser Meinung der meisten Kritiker, daß Shakespeare keinen oder doch nur sehr geringen Antheil an dem „Titus Andronicus" habe, die überlieferten Notizen und Thatsachen verhalten.

Zwar auf dem Titelblatt der zu Lebzeiten des Dichters ohne sein und seiner Schauspieler Zuthun erschienenen Einzelausgabe dieser Tragödie fehlt Shakespeare's Name, wie derselbe auf dem Titelblatte der Einzelausgaben anderer unzweifelhaft Shakespeare'scher Dramen („Richard der Zweite", „Richard der Dritte", „Heinrich der Vierte, Erster Theil", „Heinrich der Fünfte" und „Romeo und Julia") fehlt. Aber der Name der Shakespeare'schen Schauspielertruppe, die den „Andronicus" darstellte, ist auf dem Titel angegeben; in der ältesten uns erhaltenen Ausgabe (1600) im Verein mit drei andern Schauspielergesellschaften, die das Stück ebenfalls zur Aufführung gebracht, und in der folgenden Ausgabe (1611) ausschließlich genannt. Ebenso wenig mag auch Shakespeare's Name auf dem Titelblatte der ersten, uns verloren gegangenen und nur in einer Notiz bei Langbaine und dessen „Account of English Dramatic Poets" citirten Ausgabe des „Titus Andronicus" (1594) gestanden haben, wie denn das Drama als zum Drucke bereit in die Register der Buchhändlergilde im Februar 1593—94 eingetragen wurde, ohne Erwähnung des Verfassers: ein auch bei andern Vermerken solcher Verlagsartikel in jenen Registern übliches Verfahren. Es ist aus jenem Verschweigen des Autornamens hier wie dort nicht etwa zu schließen, daß der Verfasser unbekannt oder ein anderer als der wirkliche Verfasser gewesen, sondern lediglich, daß es für jene Zwecke nur auf das zu veröffentlichende Drama, nicht auf den Dichter ankam. Shakespeare's Freunde und Kunstgenossen, Heminge und Condell, aber, die im Jahre 1623 den „Titus Andronicus" in ihre Gesammtausgabe der Shakespeare'schen Dramen aufnahmen, mußten sehr wohl über die Autorschaft eines Schauspiels unterrichtet sein, das sie zwar aus der vorhergehenden zweiten Quartausgabe (1611) edirten, aber mit einer bis dahin ungedruckten Scene (Act 3, Sc. 2) vervollständigen konnten, die in ihrem Besitze als ein ursprünglich Shakespeare'scher Bestandtheil eines ursprünglich Shakespeare'schen Dramas längst vorhanden war. — Und schon lange vor 1623, schon zu einer Zeit, als Shakespeare auf dem Höhepunkt seiner dramatischen Thätigkeit und seines Ruhms stand, wußte der literarkundige Francis Meres sehr wohl, was er that, als er in seinem Buche „Wit's Tresury" (1598) unter den Dramen, die Shakespeare's eminentes Talent zur Tragödie darthun sollten, neben „Romeo und Julia" auch den „Titus Andronicus" namhaft machte. Damals war einerseits Shakespeare und seine Werke zu bekannt, andererseits die Popularität des „Titus Andronicus" zu frisch, als daß ein

Kenner wie Francis Meres in solcher Anführung einen Fehlgriff hätte begehen können, ohne sofort Widerspruch und Berichtigung besorgen zu müssen. Meres' Citat beweist uns zugleich, daß er, wie seine Zeitgenossen, von dem „Titus Andronicus" eine ungleich vortheilhaftere Idee hatte als die Nachwelt, indem er dieses Jugendproduct, vielleicht Erstlingswerk Shakespeare's in eine Reihe stellen mochte mit dessen gediegenen spätern Arbeiten, die im Jahre 1598 bereits auf der Bühne, wenn auch nur vereinzelt im Drucke, erschienen waren, und indem er nicht daran dachte, dieses frühere Drama zu Gunsten der spätern etwa als eine Jugendsünde Shakespeare's, allen fortdauernden Bühnenaufführungen zum Trotz, einer erzwungenen Vergessenheit zu übergeben. Der zeitgenössische Kritiker Meres, da er so unbefangen und geflissentlich als eine Probe von Shakespeare's dramatischem Genie u. a. auch den „Titus Andronicus" citirte, den er im zweifelhaften Falle füglich mit Stillschweigen hätte übergehen können, trug eben dem Zeitgeschmacke Rechnung und berücksichtigte die Wirkung, welche damals und später diese Tragödie auf das, doch schon an eine bessere, von Shakspeare selber ihm dargebotene Kost gewöhnte Publikum noch immer hervorbrachte.

Worauf beruht nun diese langandauernde, auch durch die wiederholten Ausgaben bezeugte Popularität des alten „Titus Andronicus", die noch im Jahre 1614 dem Dramatiker Ben Jonson so unbequem war, als er sein Lustspiel „Die Bartholomäusmesse" aufführen ließ? In dem Vorspiel zu demselben nämlich legt Ben Jonson einem Schauspieler unter anderm Folgendes in den Mund: „Wer da schwört, daß Jeronimo oder Andronicus noch jetzt die besten Schauspiele seien, der soll hier unbeanstandet bleiben, wie ein Mann, dessen Urtheil sich als beständig erweist und 25—30 Jahre lang stillgestanden hat." Diese Notiz ist deshalb interessant, weil sie dem „Jeronimo" d. h. der „spanischen Komödie" von Thomas Kyd und dem „Titus Andronicus" von Shakespeare denselben Standpunkt anweist: als zwei Stücken, die, noch der Anfangsperiode des englischen Dramas angehörig und mit allen Unvollkommenheiten einer solchen behaftet, nach Ben Jonson's Meinung von den Spätern längst überholt waren und deshalb eigentlich veraltet sein sollten, die aber dennoch, auf der Bühne sich behauptend, in den Augen mancher Leute noch immer für die besten Schauspiele galten, was sie vor 25—30 Jahren allerdings sein mochten. Aber auch sonst haben die beiden genannten Dramen eine unverkennbare Familienähnlichkeit: der Held des einen wie der des andern ist ein hochverdienter heldenhafter Greis, dem in der Mißhandlung und Ermordung der Seinen mit schnödem Undank gelohnt wird, und dem, um seiner Rache theilhaft zu werden, kein anderer Ausweg bleibt, als sich wahnsinnig zu stellen. Das Gemetzel ist in beiden

Dramen gleich arg, sodaß am Schlusse die wenigsten Personen noch am Leben sind; und wenn Shakespeare uns in seinem „Andronicus“ den Anblick gehäufterer crasser Greuelthaten bietet, so sind dagegen bei Kyd die Extravaganzen des Stils und der Situationen um so reichlicher gesäet. Aber wenn einerseits jene haarsträubenden Metzeleien und Greuel, die hier zu specificiren kaum der Mühe lohnen würde, auf die starken Nerven des damaligen Publikums gewiß nicht den wohlberechneten Eindruck verfehlten, so ist der so lange vorhaltende Erfolg der beiden Dramen doch auch aus andern, bessern Eigenschaften derselben herzuleiten: aus dem Gleichgewicht, welches darin dem Schrecken das Mitleid hält, aus der echten menschlichen Rührung, welche sich in einzelnen Naturlauten innig und tief genug vernehmen läßt, selbst aus jenem seltsam verschnörkelten, mit mythologischen und allegorischen Bildern verzierten, mit lateinischen Floskeln verbrämten Stil, der nun einmal so lange der conventionelle Stil der ältesten englischen Tragödie blieb, bis Shakespeare einen andern einführte. Dieser Stil aber beherrschte so ausschließlich die englische Bühne, als Shakespeare in der zweiten Hälfte der achtziger Jahre nach London kam, daß es dem jungen Anfänger gerathen scheinen mußte, ehe er seine eigenen Wege einschlagen durfte, in die Fußstapfen seiner Vorgänger zu treten und für sein tragisches Erstlingswerk, sollte es anders beim Publikum einer guten Aufnahme sicher sein, einen ebenso bluttriefenden Stoff zu wählen, wie die Vorgänger zu thun pflegten, und in demselben Stil ihn zu behandeln. Und der Erfolg hat gezeigt, daß er für seine Zeitgenossen jedenfalls nicht falsch speculirte, mag auch das Urtheil der Nachwelt noch so sehr das der Mitwelt zu cassiren geneigt sein. Auf den „Titus Andronicus“, auf sein Glück beim Publikum, wie auf seine formelle und materielle Anlehnung an die dramatischen Arbeiten der Vorgänger Shakespeare's findet denn auch Robert Greene's vielberedeter Ausspruch — 1592 nach Greene's Tode veröffentlicht — noch am ehesten seine Anwendung, wenn er Shakespeare „eine emporgekommene Krähe“ nennt, „die sich mit unsern (d. h. Greene's und seiner Genossen) Federn schmücke und sich einbilde, den Blankvers ebenso gut ausstaffiren zu können wie die Besten von ihnen“. Eben diese Federn, diesen ausstaffirten Blankvers, die Greene als ihm und seinen Genossen von Shakespeare entlehnt reclamiren möchte, sind es, welche die spätern Kritiker veranlaßt haben, den damit aufgeputzten „Titus Andronicus“ unserm Dichter abzusprechen, womit sie denn freilich die Klage Greene's völlig gegenstandlos machen mußten.

Und doch finden wir in dieser Erstlingsarbeit, in welcher Shakespeare so wenig noch als er selbst erscheint, Züge genug, die Greene nicht als ihm und seinen Genossen entlehnte Federn beansprechen durfte, Züge, zu denen Shakespeare keine Vorbilder bei seinen Vorgängern hätte suchen können, die er vielmehr lediglich sich selber und seinem eben kaum erwachenden Genius zu verdanken hatte. Dahin gehört eine gewisse Maßhaltung in dem Pathos und Bombast des conventionellen tragischen Stils, die den Vorgängern durchaus fremd ist; ferner ein gewisses Geschick, die Reihenfolge der Scenen zu arrangiren und zu motiviren, das freilich mehr im Verlaufe des Dramas als gleich zu Anfang schon sich verräth; endlich eine gewisse Charakteristik, die, wie unentwickelt sie in diesem ersten Stadium auch sein mag, doch in einzelnen Charakteren wenigstens über das theils Schablonenhafte, theils Extravagante und Ungeheuerliche hinausgeht, das die Zerrbilder der Vorgänger kennzeichnet. Wir verweisen in dieser Beziehung auf die schon ganz originelle, schon echt Shakespeare'sche Schöpfung des Mohren Aaron und auf die gelungene Figur des alten Andronicus, nicht wie er in den ersten Acten, wohl aber wie er in den letzten Acten, da wo er den Wahnsinnigen zu spielen hat, auftritt. Wie in dem Aaron ein gutes Stück Jago steckt, wenigstens im Keime alle Elemente dazu vorhanden sind, so in dem alten Andronicus der letzten Acte vieles, was an den alten König Lear erinnert. Der eine wie der andere, mit demselben entschiedenen Shakespeare'schen Gepräge ausgestattet, können nur Kinder desselben Autors sein. Der Humor satanischer Bosheit in Aaron und in Jago, der Humor eines zerrissenen Herzens in Titus und in Lear — das sind Züge, die eben nur Shakespeare so concipiren, so ausführen mochte. Wie aber, um auf das vorliegende Drama zurückzukommen, im Verlaufe der Arbeit selbst unserm Dichter die Kraft und das Bewußtsein seiner Kraft wuchs, das ergibt sich, scheint es, für den unbefangenen Leser schon aus einer aufmerksamen Lektüre und einer Vergleichung des ersten so überaus schwachen Actes mit den folgenden Acten, die ein stets zunehmendes dramatisches Leben gewinnen, bis zur Katastrophe und zum versöhnenden Abschlusse hin. Es ist, als ob Shakespeare im Fortschritt dieses seines ersten dichterischen Schaffens immer mehr abstreife von der aus jugendlicher Unerfahrenheit und Schüchternheit adoptirten Manier der Vorgänger und seine eigene Art mehr und mehr ahne und ahnen lasse. Ueber ein solches Ahnen und Ahnenlassen hinaus kommt es freilich im „Titus Andronicus" nicht, ohne daß dieses Symptom einer naturgemäßen Entwickelung, eines fortschreitenden Uebergangs vom Unfertigen zum minder Unfertigen, für uns ein Grund sein dürfte, ein mangelhaftes Jugendwerk, mit dem Shakespeare so gut wie jeder andere Dichter debütirt haben muß, lediglich deshalb, weil es mangelhaft ist, für unshakespearisch auszugeben und als des Dichters unwürdig zurückzuweisen.

Der Verleger, der zuerst das Drama „Titus Andronicus" als

druckfertig in die Buchhändlerregister eintragen ließ, beabsichtigte zugleich den Verlag einer Ballade gleichen Inhalts, wie aus demselben Vermerk erhellt. Es ist das ohne Zweifel diejenige Ballade, welche später Percy aus einer undatirten Gedichtsammlung: „The Golden Garland of Princely Delights" in seine „Reliques of Ancient English Poetry" hinübernahm. Sie lautet in deutscher Uebersetzung:

Die Klage des Titus Andronicus.

1. Ihr edeln Seelen, Herrn des Kriegerstandes,
Ihr, die ihr kämpft zum Schutz des Vaterlandes,
Hört mich, der zehn Jahr stand für Rom in Wehr,
Doch Schmach erfuhr bei meiner Wiederkehr.

2. Ich lebt' in Rom in Ansehn sechzig Jahr,
Wo ich geliebt von den Genossen war;
Und fünfundzwanzig Söhne hatt' ich da,
Auf deren Tugend stolz der Vater sah.

3. Denn wo Roms Feind sich krieg'risch mochte regen,
Mich und die Söhne sandte man dagegen;
Zehn Jahr im Kampf wir mit den Gothen rangen,
Um manche blut'ge Wunde zu empfangen.

4. Und zweiundzwanzig meiner Söhne fielen,
Eh wir nach Rom heimkehrten; von so vielen
Sollten nur drei lebendig mit mir gehn
Und Roms stattliche Thürme wiedersehn.

5. So kehrt' ich siegreich heim und überbrachte
Dem König die Gefangnen, die ich machte:
Die Gothenkön'gin, ihre Söhn' und auch
Ein Mohr, ein unerhört mordlust'ger Gauch.

6. Als diese Königin der Kaiser freite,
Da kam's in Rom zu tödlich schlimmem Streite:
Des Mohren und der Söhne Frevelmuth
In Rom that alles, was sie dünkte gut.

7. Der Mohr gefiel so sehr der Kaiserin:
Sie gab sich ihm ganz im geheimen hin,
Sodaß ihr ehlich Lager ward entweiht;
Ein Mohrenkind gebar sie mit der Zeit.

8. Mit ihr und seiner Mordlust dann verschwor
Sich gegen mich der blutgesinnte Mohr,
Daß mein Geschlecht und meine Sippen alle
Grausamerweise kämen so zu Falle.

9. Mein Alter, hofft' ich, brächt' ich hin in Frieden,
Doch Sorg' und Kummer nur ward mir beschieden:
Zu meinen Söhnen war ein Töchterlein,
Die Wonne meiner alten Tage, mein.

10. Meiner Lavinia ward verlobt sodann
Des Cäsar Sohn, ein junger edler Mann,
Der durch die Frau des Kaisers auf der Jagd
Und deren Söhne wurde umgebracht.

11. Den Todten warf man grausam dann hinein
In eine Grube fern vom Tagesschein.
Mit meinen Söhnen kam der Mohrenbube
Des Weges, und sie stürzten in die Grube.

12. Den Kaiser rief herbei der Mohr sogleich,
Gab ihnen schuld den mörderischen Streich.
Als man dann meine Söhn' im Loch gefunden,
Da wurden sie verhaftet und gebunden.

13. Doch seht! Was mich verletzt mit schwerstem Leide:
Der Kaiserin grausame Söhne beide
Schändeten meine Tochter ohn' Erbarmen
Und raubten mit Gewalt die Ehr' der Armen.

14. Als dieses Paar so süße Blume brach,
Besorgt, es käme Bitterkeit danach,
Schnitt's ihr die Zung' aus, daß sie nicht im Stande
Zu künden, wie ihr zustieß solche Schande,

15. Und beide Hände auch mit grimmen Hiebe,
Damit sie nicht die Unthat niederschriebe,
Noch in ihr Tuch mit ihrer Nadel stickte
Das blut'ge Paar, das ihr solch Weh beschickte.

16. Mein Bruder Marcus sie im Wald entdeckte,
Wie sie das Gras mit Purpurblut befleckte,
Das aus den Stümpfen troff der armen Maid:
Die Zunge fehlt' ihr, kundzuthun ihr Leid.

17. Als ich so jämmerlich entstellt sie sah,
Mit blut'gem Naß netzt' ich mein Antlitz da;
Und um mein Kind Lavinia klagt' ich mehr
Als um die zweiundzwanzig je vorher.

18. Ich sah, sie konnte schreiben nicht noch sprechen:
Vom Gram begann mein altes Herz zu brechen,
Ein Häufchen Sand ausstreuten wir am Grund,
Wodurch die Wüthriche uns würden kund.

19. Denn sie mit einem Stecken, ohne Hand,
Schrieb diese Worte in den ebnen Sand:
„Der stolzen Kaiserin wollüst'ge Knaben
Sind's, die die Missethat begangen haben."

20. Ich raufte mir vom Haupt mein milchweiß Haar,
Der Stunde flucht' ich, da erzeugt ich war;
Die Hand, die Rom so oft verhalf zum Siege,
Wünscht' ich, sei mir gelähmt schon in der Wiege.

21. Der Mohr, der stets sich freut' an Schurkereien,
Sprach: aus der Haft die Söhne zu befreien,
Sollt' ich die rechte Hand dem Kaiser geben,
So blieben die drei Söhne mir am Leben.

22. Den Mohren hieß ich sie abhauen da
Und trau'rte nicht, da ich sie bluten sah:
Für meine Söhne hätt' ich ohne Schmerz
Als Lösegeld gesandt mein blutend Herz.

23. Als so in Pein dahin mein Leben schwand,
Sandte man nutzlos mir zurück die Hand
Und mit der Hand die Köpfe der drei Söhne;
Da brach ich aus in neues Qualgestöhne.

24. Ich irrt' umher, für jeden Zuspruch taub,
Und schrieb mein Weh mit Thränen in den Staub,
Gen Himmel schoß ich meine Pfeile los
Und rief um Rache oft zum Höllenschoos.

25. Da hat die Kais'rin, die für toll mich hielt,
Sammt ihren Söhnen Furien gespielt
(Sie nannte Rache sich, die Raub und Mord)
Mir zum Verderb zu lauschen auf mein Wort.

26. Ein Weilchen ließ ich ihre Narrheit gehn,
Bis meine Freunde ein Versteck ersehn;
Da band man ihre Söhn' an einen Pfosten
Und ließ mich grausam rechte Rache kosten.

27. Ich schnitt die Kehlen ab, Lavinia dann
Hielt das Gefäß, in das der Blutstrom rann.
Zu Pulver ließ ich das Gebein zerhacken,
Um stracks Pasteienteig daraus zu backen.

28. Dann aus dem Fleisch macht' ich Pasteten zwei
Und trug zum Mahle stattlich sie herbei:
Der Kais'rin setzt' ich vor den ekeln Fraß,
Die von dem Fleische ihrer Söhne aß.

29. Lavinia bracht' ich um, und streckte hin
Mit blut'gem Messer dann die Kaiserin.
Den Kaiser flugs erstach ich gleicherweise,
Und dann mich selbst: so starb Titus der Greise.

30. Am Mohren that man diese Rache kund:
Lebendig grub man halb ihn in den Grund,
So festgebannt ließ man ihn Hungers sterben.
Gott möge alle Mörder so verderben!

Ueber das Prioritätsverhältniß der Ballade und des Dramas, ob jene diesem oder dieses jenem zum Grunde gelegen, besteht einige Meinungsverschiedenheit unter den Kritikern. Percy hält die Ballade für älter als das Drama, weil, sagt er, jene von diesem abweiche in verschiedenen Einzelheiten, welche ein simpler Balladenschreiber nicht so leicht anders darstellen würde als ein schöpferischer Dramatiker. Eine genauere Vergleichung beider Stücke führt uns eher zu dem entgegengesetzten Resultat. Shakespeare hätte, wenn die Ballade die Quelle für sein Drama gewesen wäre, nicht nur dem größten Theile seiner Personen erst Namen und Charakter verleihen müssen; er hätte auch die Handlung selbst in ihrem ganzen Fortgange zu motiviren und vermittels seiner Dramatisirung erst in manche Strophen der Ballade (z. B. Str. 24) einen Sinn zu legen gehabt, der sich aus den bloßen Versen des Bänkelsängers kaum errathen läßt. So erscheint uns die Ballade vielmehr als ein weiteres Zeugniß für die große Popularität des Dramas, dessen Inhalt in dieser leichten Weise sangbarer Volksdichtung alsbald zu einem Gemeingut auch desjenigen Publikums gemacht werden sollte, dem der Theaterbesuch nicht vergönnt war. Denn daß diese „Klage des Titus Andronicus" dazu bestimmt war, wie unsere Bänkelsängerlieder und gereimten Mordgeschichten auf den Märkten und Straßen abgesungen zu werden, läßt sich daraus schließen, daß in dem „Golden Garland", der Gedichtsammlung, aus der Percy das Lied abdruckte, zugleich die bekannte Melodie angegeben steht, nach der sie vorzutragen war („To the Tune of Fortune" steht auf dem Titel). Uebrigens brauchte Shakespeare der Ballade den Stoff zu seinem Drama auch deshalb nicht zu entlehnen, weil die fabelhafte Geschichte vom Titus Andronicus längst vorher populär war, wenn sie uns auch zufällig in keiner frühern novellistischen oder dramatischen Bearbeitung mehr erhalten ist.

So spricht Paynter in dem 1567 erschienenen zweiten Bande seiner unter dem Namen „The Palace of Pleasure" bekannten, von Shakespeare für mehrere seiner Dramen benutzten Novellensammlung beiläufig von der Geschichte des Titus und erwähnt dabei namentlich auch die Grausamkeit der Tamora.

Shakespeare's erster tragischer Versuch ist nicht nur in England mit großem Beifall immer und immer wieder aufgeführt, sondern auch zeitig — etwa um das Jahr 1600 — von den englischen Komödianten nach Deutschland gebracht worden. Die für das bescheidene deutsche Bedürfniß eingerichtete freie Prosabearbeitung findet sich in dem ersten Bande der „Englischen Komödien und Tragödien" (1620) unter dem Titel: „Eine sehr klägliche Tragoedie von Tito Andronico und der hoffertigen Keyserin, darinnen denckwürdige actiones zu befinden." Abdrücke davon stehen in Tieck's „Deutschem Theater" (1817) und in Albert Cohn's „Shakspeare in Germany in the sixteenth and seventeenth Centuries" (1865).

Titus Andronicus.

Personen.

Saturninus, Sohn des verstorbenen römischen Kaisers, später Kaiser.
Bassianus, sein Bruder.
Titus Andronicus, ein edler Römer.
Marcus Andronicus, Volkstribun und Titus' Bruder.

Lucius, Quintus, Martius, Mutius,	Titus' Söhne.

Der junge Lucius, ein Knabe, Sohn des Lucius.
Publius, Sohn des Marcus Andronicus.
Aemilius, ein edler Römer.

Alarbus, Demetrius, Chiron,	Söhne der Tamora.

Aaron, ein Mohr.

Ein Hauptmann, ein Tribun, ein Bote, ein Rüpel; Römer und Gothen.

Tamora, Königin der Gothen.
Lavinia, Tochter des Titus Andronicus.
Eine Amme und ein Mohrenkind.

Verwandte des Titus. Senatoren. Tribunen. Offiziere. Soldaten und Diener.

Schauplatz: Rom und Umgegend.

Erster Aufzug.

Erste Scene.

Rom.

Trompetenstoß. Die Tribunen und Senatoren erscheinen auf dem Capitol. Saturninus und seine Anhänger treten von der einen Seite, Bassianus und seine Anhänger von der andern Seite auf, mit Trommeln und Fahnen.

Saturninus.

Edle Patricier, meines Rechts Beschützer,
Vertretet meine Sache mit den Waffen;
Und ihr, Landsleute, treues Heergefolg,
Führt mit dem Schwert mein erblich Anrecht durch.
Der Erstgeborne bin ich dessen, der
Als letzter trug Roms Kaiserdiadem.
Ruft denn in mir des Vaters Ehren wach,
Kränkt meine Jugend nicht mit solcher Schmach.

Bassianus.

Ihr Römer, Freunde, Gönner meines Rechts!
Wenn jemals Bassianus, Cäsar's Sohn,
Huld vor den Augen fand des mächtigen Roms,
So hütet hier den Weg zum Capitol,
Und duldet nicht, daß Schmach dem Kaisersitz
Sich nahen dürfe, der geweiht der Tugend,
Der Mäßigkeit, Gerechtigkeit, dem Adel:
Laßt leuchten das Verdienst in reiner Wahl,
Und, Römer, kämpft für eure Wahlfreiheit.

(Marcus Andronicus erscheint vor dem Capitol, mit der Krone in der Hand.)

Marcus.

Ihr Prinzen, die ihr mit Partein und Freunden
Ehrgeizig ringt um Thron und Herrscherthum,
Wißt, daß das römische Volk, das wir gesondert
Vertreten hier, mit allgemeiner Stimme
Erkoren für das röm'sche Kaiserreich
Hat den Andronicus, Pius benannt,
Der vielfach sich um Rom verdient gemacht.
Ein beßrer Mann, ein tüchtigerer Held
Lebt jetzt nicht in dem Umkreis dieser Stadt.
Es hat ihn heimberufen der Senat
Von Kriegen gegen die barbar'schen Gothen,
Der mit den Söhnen, unsrer Feinde Schreck,
Ein wehrgeübtes Volk ins Joch gebeugt.
Zehn Jahr' entflohn, seit er zuerst vertrat
Die Sache Roms, und unsrer Gegner Stolz
Mit Waffen züchtigte; fünfmal ist blutend
Nach Rom er heimgekehrt, die tapfern Söhne
Vom Feld in Särgen tragend!
Und endlich jetzt, mit Ehrenschmuck beladen,
Kehrt heim nach Rom der Held Andronicus,
Der hochberühmte Titus, waffenglänzend.
Seid denn ersucht — zu dessen Namens Ehre,
Auf dessen Thron ihr gern den Würd'gen sähet
Und kraft des Capitols und des Senats,
Die ihr ja ehren und anbeten wollt —,
Daß ihr zurück euch zieht mit eurer Macht,
Eu'r Heergefolg entlaßt und als Bewerber
Demüthig, friedlich eu'r Verdienst verfechtet.

Saturninus.

Wie schön spricht der Tribun, mich zu beschwicht'gen!

Bassianus.

Marcus Andronicus, so fest vertrau' ich
Auf deine Treue und Gerechtigkeit,
Und lieb' und ehre so dich und die Deinen,
Den edeln Bruder Titus sammt den Söhnen,
Und sie, der all mein Sinnen unterthan,
Lavinia, die reiche Zierde Roms,
Daß ich hier meine Freund' entlassen will.

So mag mein Glück denn und des Volkes Gunst
In gleicher Wage meine Sache wägen.

(Die Anhänger des Bassianus gehen ab.)

Saturninus.

Ihr Freunde, so beflissen für mein Recht,
Ich dank' euch allen und entlass' euch hier,
Und stelle mich und meine Sach' anheim
Der Gunst und Liebe meines Vaterlandes. —

(Die Anhänger des Saturninus gehen ab.)

Rom, sei du so gerecht und hold für mich,
Wie ich mein liebend Zutraun setz' auf dich.
Oeffnet die Thore, laßt mich ein.

Bassianus.

Mich, armen Mitbewerber, auch, Tribunen.

(Sie steigen zum Capitol empor.)

Zweite Scene.

Ebendaselbst.

Ein **Hauptmann** tritt auf mit andern.

Hauptmann.

Macht Platz, ihr Römer! Held Andronicus,
Schirmherr der Tugend, bester Kämpe Roms,
Erfolgreich in den Schlachten, die er schlägt,
Ist heimgekehrt mit Ehr' und Glück von dort,
Wo er mit seinem Schwert die Feinde Roms
Bezwungen hat und unters Joch gebeugt.

(Trommeln und Trompeten erschallen. Dann treten zwei von Titus' Söhnen auf. Nach ihnen zwei Männer, die einen schwarzbedeckten Sarg tragen; dann zwei andere Söhne. Nach ihnen Titus Andronicus, dann Tamora mit Alarbus, Demetrius, Chiron, Aaron und andern Gothen als Gefangene. Soldaten und Volk folgen. Sie setzen den Sarg nieder und Titus redet.)

Titus.

Heil, Rom, siegreich in deinem Trauerkleid!
Sieh, wie das Schiff, das seine Fracht entlud,
Kostbare Ladung heimbringt zu der Bucht,
Wo es zuerst die Anker lichtete,
So kommt Andronicus im Lorberkranz

Und grüßt aufs neu sein Land mit seinen Thränen,
Mit Freudenthränen, weil er kehrt nach Rom.
Du großer Schirmherr dieses Capitols,
Sei hold dem heil'gen Brauch, den wir begehn!
Von fünfundzwanzig tapfern Söhnen, Römer,
Von halb so viel wie Priamus besaß,
Schaut hier den armen Rest, todt und lebendig!
Die lebenden laßt Rom mit Liebe lohnen;
Die hier zu ihrem letzten Heim gebrachten
Mit der Bestattung unter ihren Ahnen.
Einstecken ließ der Gothe mich mein Schwert.
Unholder, deines Stamms vergessner Titus,
Was läßt du dein Geschlecht, noch unbestattet,
Umirren an dem Schreckensstrand des Styx!
Schafft Raum, zu ihren Brüdern sie zu legen.

(Das Grab wird geöffnet.)

Da grüßt einander still, wie Todte pflegen,
Und schlaft in Frieden, die im Krieg ihr fielt
Fürs Vaterland! O meiner Freuden heil'ges
Behältniß, edler Tugend holde Zelle,
Wie viele meiner Söhne speicherst du,
Und wendest mir nicht einen wieder zu!

Lucius.

Gib uns der Gothen stolzesten Gefangnen,
Daß wir den Leib zerhauen und sein Fleisch
Ad manes fratrum auf dem Holzstoß opfern
Hier vor dem Erdgefängniß ihrer Knochen,
Daß so nicht unversöhnt die Schatten sei'n,
Noch schlimme Zeichen uns auf Erden dräun.

Titus.

Ich geb' ihn euch, den Edelsten, der lebt,
Den ält'sten Sohn hier der bedrängten Kön'gin.

Tamora.

Halt, röm'sche Brüder! — Du, huldreicher Sieger
Titus, erbarme meiner Thränen dich,
Die eine Mutter weint um ihren Sohn;
Und waren deine Söhne je dir theuer,
So theu'r, bedenk es, ist auch mir mein Sohn!
Ist's nicht genug, daß man nach Rom uns brachte,
Um deine Heimkehr im Triumph zu schmücken;
Dir und dem Römerjoch kriegsunterthan?

Soll'n meine Söhn' in Rom gemetzelt werden,
Weil tapfer sie gefochten für ihr Land?
O, wenn der Kampf für Staat und König fromm
War bei den Deinen, ist er's auch bei diesen.
Andronicus, laß rein von Blut dein Grab.
Willst du dich nähern der Natur der Götter,
Nah' ihnen denn in der Barmherzigkeit,
Barmherzigkeit, des Adels echtem Stempel.
Schon', edler Titus, meinen Erstgebornen!

Titus.

Fügt in Geduld Euch, Fürstin, und verzeiht mir.
Hier stehn die Brüder derer, die ihr Gothen
Lebendig saht und todt, und heischen fromm
Sühnopfer für die Brüder, welche fielen;
Darum ist Euer Sohn zum Tod bestimmt,
Um der Gefallnen Schatten zu versöhnen.

Lucius.

Fort mit ihm! Zündet stracks ein Feuer an!
Mit unsern Schwertern, auf dem Holzstoß, laßt
Uns ihn zerhaun, bis daß er ganz verbrannt.
(Lucius, Quintus, Martius und Mucius gehen mit Alarbus ab.)

Tamora.

Grausame und ruchlose Frömmigkeit!

Chiron.

War jemals Scythien halb so barbarisch?

Demetrius.

Vergleiche Scythien nicht dem stolzen Rom.
Alarbus geht zur Ruh; wir leben fort,
Um unter Titus' drohndem Blick zu zittern.
So, Fürstin, seid gefaßt; doch hofft zugleich:
Dieselben Götter, die der Troerkön'gin
Gelegenheit zu grimmer Rache boten
Am thrazischen Tyrannen im Gezelt,
Woll'n Tamora, die Königin der Gothen —
Als Gothen Gothen, sie noch Kön'gin war —
Am Feind die blut'ge Unbill rächen lassen.
(Lucius, Quintus, Martius und Mucius treten wieder auf, mit blutigen Schwertern.)

Lucius.

Sieh, Herr und Vater, wie den Römerbrauch

Wir übten: des Alarbus Leib zerhackt,
Sein Eingeweide nährt das Opferfeuer,
Deß Dampf wie Weihrauch rings die Luft durchdüftet.
Nun fehlt nur, daß die Brüder wir bestatten,
Mit lautem Schlachtruf sie in Rom begrüßend.

Titus.

Sei's so; und laßt Andronicus sein letztes
Lebwohl hiermit an ihre Seelen richten.

(Trompeten tönen und die Särge werden in die Gruft getragen.)

Ruht hier in Ehr' und Frieden, meine Söhne;
Roms rüst'ge Kämpen, rastet hier in Ruh,
Frei von Geschick und Misgeschick der Welt.
Hier lauert kein Verrath, schwillt keine Tücke,
Hier wächst kein böses Gift, hier ist kein Sturm,
Kein Lärmen; Stille nur und ew'ger Schlaf.
Ruht hier in Ehr' und Frieden, meine Söhne!

(Lavinia tritt auf.)

Lavinia.

In Ehr' und Frieden lebe Titus lange.
Mein edler Herr und Vater, leb' in Ruhm!
Sieh, hier am Grabe meiner Thränen Zoll
Entricht' ich für der Brüder Leichenfeier;
Und dir zu Füßen knie' ich, Freudenthränen
Vergießend, weil du heimgekehrt nach Rom.
O segne mich mit deiner Siegerhand,
Der zugejauchzt die besten Bürger Roms.

Titus.

Wie lieb, o Rom, hast du mir meines Alters
Labsal bewahrt, zu meines Herzens Freude!
Lavinia, leb' in deiner Tugend Lob,
Wenn längst ich selbst und aller Ruhm zerstob.

(Marcus Andronicus, Bassianus und Saturninus mit andern treten auf.)

Marcus.

Lang' lebe Titus, mein geliebter Bruder,
Auf dessen Siegsgepräng Roms Augen ruhn!

Titus.

Dank dir, Tribun, Dank, edler Bruder Marcus.

Marcus.

Willkommen, Neffen auch, aus Kampf und Sieg,

Ihr, die ihr lebt, ihr, die in Ruhm ihr schlaft!
Ihr Herren, gleich ist euer aller Los,
Da ihr fürs Vaterland die Schwerter zogt.
Doch sichrer triumphirt die Todtenfeier,
Die schon zu Solon's Glück emporgestrebt
Und auf der Ehre Bett obsiegt dem Wechsel. —
Titus Andronicus, das römische Volk,
Deß Freund du stets gewesen bist im Recht,
Beut dir durch mich, den als Tribun Betrauten,
Dies fleckenlose weiße Pallium
Und kürt dich in der Wahl zum Kaiserthron
Hier mit den Söhnen unsers letzten Kaisers.
Sei Candidatus denn, leg' an das Kleid,
Und dem hauptlosen Rom verhilf zum Haupt.

Titus.

Ein besser Haupt ziemt Roms erlauchtem Leib
Als ein vor Schwäch' und Alter zitterndes.
Wie legt' ich dies Gewand an, euch zu mühn?
Daß ich, gewählt und ausgerufen heute,
Herrschaft und Leben morgen fahren ließe
Und neue Arbeit schaffte für euch alle? —
Rom, vierzig Jahr lang war ich dein Soldat
Und führte glücklich meines Landes Stärke,
Begrub auch einundzwanzig tapfre Söhne,
Ritter im Feld, mannhaft im Kampf gefallen
Für ihres edeln Landes Recht und Dienst:
Gebt einen Ehrenstab mir für mein Alter,
Doch nicht ein Scepter, das die Welt regiere.
Der es zuletzt hielt, hielt es aufrecht, Herrn!

Marcus.

Titus, dein ist das Reich, wenn du es heischest.

Saturninus.

Ehrgeiziger Tribun, kannst du das sagen?

Titus.

Still, Saturninus!

Saturninus.

Schafft mir Recht, ihr Römer!
Patricier, zieht das Schwert und steckt's nicht ein,
Bis Saturninus Kaiser ist von Rom. —
Andronicus, führ'st du doch eh'r zur Hölle,
Als daß du mir des Volkes Herzen stiehlst!

Lucius.

Du stolzer Saturnin, du störst das Glück,
Das Titus' Edelmuth dir zugedacht.

Titus.

Sei ruhig, Prinz. Des Volkes Herzen schaff' ich
Dir wieder, sie entwöhnend von sich selbst.

Cassianus.

Andronicus, ich schmeichele dir nicht,
Doch ehr' ich dich und werd' es, bis ich sterbe.
Stärkst du mit deinen Freunden meinen Anhang,
Will ich sehr dankbar sein; und Dank ist Männern
Von edler Art ein ehrenvoller Lohn.

Titus.

Du Volk von Rom, und Volkstribunen ihr,
Um eure Stimmen bitt' ich für die Wahl,
Gebt ihr sie freundlich dem Andronicus?

Tribunen.

Andronicus, den Guten, zu erfreun
Und seine Heimkehr freudig zu begrüßen,
Wird den das Volk genehm'gen, den er wählt.

Titus.

Dank, ihr Tribunen; dies ist mein Gesuch,
Daß euers Kaisers ält'sten Sohn ihr wählt,
Prinz Saturnin, deß Werth, ich hoff' es, Rom
Umleuchten wird wie Titan's Strahl die Erde
Und zeit'gen wird das Recht in diesem Staat.
So, wenn nach meinem Rath ihr wählen wollt,
Krönt ihn und ruft: Lang' lebe unser Kaiser!

Marcus.

Mit Beifallsruf und Stimmen jedes Standes,
Patricier und Plebejer, wählen wir
Prinz Saturnin zum großen Kaiser Roms:
Lang' lebe unser Kaiser Saturninus!

(Ein langer Trompetentusch.)

Saturninus.

Titus Andronicus, für deine Gunst,
Die du uns heut bei unsrer Wahl erwiesest,

Zoll' ich dir Dank um dein Verdienst und will
Mit Thaten lohnen deine Freundlichkeit:
Und zum Beginne, Titus, zu erhöhn
Dein ehrenvoll Geschlecht und deinen Namen,
Werde Lavinia meine Kaiserin,
Die Herrin Roms und meines Herzens Herrin,
Im heil'gen Pantheon mit mir vermählt.
Gefällt der Vorschlag dir, Andronicus?

Titus.

Wohl, würd'ger Herr! In diesem Ehebund
Halt' ich mich hochgeehrt von Eurer Gnade;
Und hier, im Anblick Roms, dem Saturnin —
Dem König und Gebieter unsers Staats,
Kaiser der weiten Welt — weih' ich was mein ist:
Schwert, Siegeswagen und Gefangene,
Geschenke, werth des hohen Herrn von Rom.
Nimm sie denn an, als schuldigen Tribut,
Als meiner Ehr' Abzeichen dargebracht.

Saturninus.

Dank, edler Titus, Vater meines Lebens!
Wie stolz ich bin auf dich und deine Gaben,
Soll Rom verzeichnen; und vergess' ich je
Dieser unsäglichen Verdienste kleinstes,
Vergeßt auch eure Treue mir, o Römer.

Titus (zu Tamora).

Gefangne seid Ihr nun des Kaisers, Fürstin;
Dessen, der Eurer Ehr' und Würde halb
Euch und die Euern edel wird behandeln.

Saturninus.

Ein stattlich Weib, von Farbe, meiner Treu!
Wie ich sie wählen würde, wählt' ich neu. —
Erhellt die düstre Miene, schöne Fürstin:
Bewirkte gleich das Kriegslos diesen Wechsel,
Nicht sollst ein Spott doch werden du in Rom;
Fürstlich in jeder Art sei'st du behandelt. —
Traut meinem Wort und laßt kein Misgefühl
Verkümmern Eure Hoffnung. Der Euch tröstet,
Kann größer Euch als Gothenfürstin machen. —
Lavinia, Euch misfällt nicht, was ich sage?

Lavinia.

Gewiß nicht, Herr; ein echter Edelmuth
Heißt, was Ihr fürstlich huldvoll redet, gut.

Saturninus.

Dank Euch, Lavinia! — Römer, laßt uns gehn.
Frei ohne Lösegeld sei'n die Gefangnen.
Laßt laut verkünden unsre Würde, Herrn.

Bassianus (indem er Lavinia ergreift).

Titus, mit Eurer Gunst, die Maid ist mein.

Titus.

Wie? Ist das wirklich Euer Ernst, o Herr?

Bassianus.

Ja, edler Titus, und auch mein Entschluß,
Mir selbst zu meinem Recht hier zu verhelfen.

Marcus.

Suum cuique ist ein römisch Recht;
Der Prinz behauptet nur sein Eigenthum.

Lucius.

Und wird's und soll's, solange Lucius lebt.

Titus.

Verräther, weicht! Wo ist des Kaisers Wache?
Verrath, mein Fürst! Lavinia wird entführt.

Saturninus.

Entführt, von wem?

Bassianus.

Von dem, der dreist und laut
Vor aller Welt darf heischen seine Braut.

(Marcus und Bassianus ab mit Lavinia.)

Mutius.

Ihr Brüder, helft von hier sie fortzuschaffen.
Mit meinem Schwert bewach' ich diese Thür.

(Lucius, Quintus und Martius ab.)

Titus.

Folgt mir, mein Fürst; bald bring' ich sie zurück.

Mucius.

Ihr kommt hier nicht vorbei.

Titus.

Was, frecher Bube!
Sperrst mir den Weg in Rom?

(Titus tödtet den Mucius.)

Mucius.

Hilf, Lucius, hilf.

(Lucius tritt wieder auf.)

Lucius.

Herr, Ihr seid ungerecht und mehr als das,
Rechtlos im Streit erschlugt Ihr Euern Sohn.

Titus.

Nicht du noch er seid ferner meine Söhne:
Nie hätten so mich meine Söhn' entehrt.
Zurück dem Kaiser gib Lavinia, Schurke!

Lucius.

Todt, wenn Ihr wollt; doch nicht daß die sein Weib sei,
Die einem andern rechtlich anverlobt ist.

(Ab.)

Saturninus.

Nein, Titus, nein; der Kaiser braucht sie nicht,
Nicht sie, noch dich, noch einen deines Stamms.
Ich traue dem wol, der mich einmal täuscht;
Dir nicht, noch deinen falschen, stolzen Söhnen,
Die sich verbunden, so mich zu entehren.
War niemand sonst in Rom zum Narrn zu haben
Als Saturnin? Zu gut, Andronicus,
Stimmt dieses Thun zu deiner Prahlerei,
Daß ich das Reich von dir erbettelt hätte.

Titus.

Entsetzlich! Welch ein schmähend Wort ist das?

Saturninus.

Doch geh nur; gib das wankelmüth'ge Ding da
Dem, der für sie sein Schwert gewaltig schwang.
Froh eines tapfern Eidams wirst du sein,

Der handgemein mit deinen frechen Söhnen
Im röm'schen Staat den Raufbold spielen wird.

Titus.

Schermesser ist dein Wort dem wunden Herzen.

Saturninus.

So, holde Gothenfürstin Tamora,
Da du, wie stattlich Phöbe ihre Nymphen,
Roms schönste Frauen sämmtlich überstrahlst,
Sieh, wenn dir meine rasche Wahl gefällt,
Wähl' ich dich, Tamora, zu meiner Braut
Und mache dich zur Kaiserin von Rom.
Sprich, Gothenfürstin, billigst du die Wahl?
Und hier, ich schwör's bei allen Göttern Roms —
Da Priester und Weihwasser sind zur Hand,
Und hell die Fackeln brennen und da alles
Für Hymen uns schon in Bereitschaft steht —
Nicht grüß' ich eh'r die Straßen Roms, noch steig' ich
Zu meinem Schloß empor, bis ich von hier
Vermählt mit mir wegführe meine Braut.

Tamora.

Und hier, im Angesicht des Himmels, schwör' ich,
Wenn Saturnin die Gothenfürstin freit,
Wird eine Magd sie seiner Wünsche sein,
Zärtliche Amm' und Mutter seiner Jugend.

Saturninus.

Zum Pantheon, o Fürstin! — Herrn, begleitet
Denn euern Kaiser und sein hold Gemahl,
Dem Saturninus zugesandt vom Himmel,
Deß Weisheit ihr Geschick bezwungen hat.
Alldort vollziehn wir die Vermählungsfeier.
(Saturninus ab mit seinem Gefolge; Tamora und ihre Söhne; Aaron und die Gothen.)

Titus.

Mich lädt man nicht, zu folgen dieser Braut.
Titus, wann pflegtest du allein zu wandeln,
Entehrt so und von Kränkungen bedrängt?
(Marcus, Lucius, Quintus und Martius treten auf.)

Marcus.

O Titus, sieh! o sieh, was du gethan!
Den braven Sohn erwürgt in argem Wahn.

Titus.

Nein, thörichter Tribun, mein war er nicht,
Noch du, noch diese, zu der That verbündet,
Die unser ganz Geschlecht geschändet hat;
Unwürd'ger Bruder und unwürd'ge Söhne!

Lucius.

Doch laßt uns ihn bestatten, wie's sich ziemt,
Laßt Mucius bestatten bei den Brüdern.

Titus.

Verräther, fort! Er ruht nicht hier im Grabe.
Fünfhundert Jahre stand dies Monument,
Das ich mit großen Kosten neu gebaut.
Niemand ruht hier in Ruhm als Diener Roms
Und Krieger; kein in Rauferei'n Gefallner.
Begrabt ihn wo ihr wollt; hier ruht er nicht.

Marcus.

Unfrömmigkeit ist das von Euch, o Herr!
Für meinen Neffen reden seine Thaten;
Er muß bestattet sein bei seinen Brüdern.

Quintus, Martius.

Und soll es auch; sonst werden wir ihm folgen.

Titus.

Und soll es! Welcher Schurke sprach das Wort?

Quintus.

Der überall, nur hier nicht, es vertritt.

Titus.

Wie, wolltet ihr ihn mir zum Trotz bestatten?

Marcus.

Nein, edler Titus, nur dich bitten, daß du
Dem Mucius verzeihst und ihn bestattest.

Titus.

Marcus, auch du schlägst meinen Wappenschmuck,
Thust meiner Ehr' Abbruch mit diesen Knaben!
Ihr geltet insgesammt als Feinde mir;
So quält mich nicht und macht euch fort von hier.

Martius.

Er ist sein selbst nicht mächtig; laßt uns gehn.

Quintus.

Ich nicht, bis Mucius bestattet ist.

(Marcus und die Söhne des Titus knien nieder.)

Marcus.

Bruder, denn in dem Wort spricht die Natur —

Quintus.

Vater, und in dem Wort spricht die Natur —

Titus.

Sprich du nicht mit, soll's alle andern fördern.

Marcus.

Titus, du mehr als meiner Seele Hälfte —

Lucius.

Vater, du unser aller Seel' und Wesen —

Marcus.

Gönne dem Bruder Marcus, zu bestatten
Hier in der Tugend Nest den edeln Neffen,
Der ehrenvoll und für Lavinia fiel.
Du bist ein Römer, sei denn kein Barbar;
Die Griechen mit Bedacht begruben Ajax,
Der sich entleibt, und freundlich nahm der weise
Laertessohn das Wort für sein Begräbniß:
Sei denn dem Mucius, den du so geliebt,
Sein Eintritt hier gewährt.

Titus.

Steh auf, o Marcus! —
Dies ist der schlimmste Tag, den je ich sah,
Wo meine Söhne mich in Rom entehren! —
Nun wohl, bestattet ihn, und mich zunächst.

(Mucius wird in das Grab gelegt.)

Lucius.

Ruh' dein Gebein dort, Mucius, bei den Deinen,
Bis daß dein Grab wir schmücken mit Trophä'n.

Alle.

Es weine keiner um den edeln Mucius;
Der lebt im Ruhm, der für die Tugend starb.

Marcus.

Herr — um von dieser Trauer uns loszumachen —
Wie kommt es, daß die schlaue Gothenfürstin
So plötzlich hier erhöhet ward in Rom?

Titus.

Ich weiß nicht, Marcus; doch ich weiß, sie ist's;
Ob schlau bewirkt, ob nicht, das weiß der Himmel.
Muß sie nicht dankbar sein dem Mann, der sie
So weit hat hergebracht zu solchem Glück?
Ja, und sie wird in edler Art ihm lohnen.

(Trompetenstoß. Es treten wieder auf von der einen Seite Saturninus mit Gefolge, Tamora, Demetrius, Chiron und Aaron; von der andern Seite Bassianus, Lavinia und andere.)

Saturninus.

So, Bassianus, habt Ihr Euern Preis:
Gott geb' Euch Freud' an Eurer holden Braut!

Bassianus.

Und Euch an Eurer, Herr! Mehr sag' ich nicht,
Noch wünsch' ich weniger. So nehm' ich Abschied.

Saturninus.

Hat Rom Gesetz' und wir Gewalt, Verräther,
Reut dich und deinem Anhang dieser Raub.

Bassianus.

Raub nennt Ihr's, Herr, wenn ich mein Eigen nehme,
Mein festverlobtes Lieb und nun mein Weib?
Doch Roms Gesetze mögen das entscheiden;
Ich unterdeß besitze das, was mein.

Saturninus.

Nun wohl! Ihr seid sehr kurz mit uns; doch wir,
Erleben wir's, sind just so scharf mit Euch.

Bassianus.

Herr, was ich that, muß ich, so gut ich kann,
Vertreten, und mit meinem Leben werd' ich's.

Nur so viel thu' ich Euer Gnaden kund:
Bei allen Pflichten, die ich schuld' an Rom,
Hier dieser edle Mann, Herr Titus, ist
Im Ruf und in der Ehre schwer gekränkt,
Der in Lavinia's Befreiung selbst
Mit eigner Hand den jüngsten Sohn erschlug,
Für Euch beeifert und zum Zorn entflammt,
Weil man ihn hemmt' in dem, was gern er gab.
Nimm ihn in deine Gunst denn, Saturnin,
Der sich in allen seinen Thaten stets
Als Freund und Vater dir und Rom erwies.

Titus.

Prinz Bassian, sprich nicht von meinen Thaten.
Du bist's und die da, welche mich entehrt.
Mich richte Rom und der gerechte Himmel,
Wie ich den Saturninus liebt' und ehrte!

Tamora.

O mein Gemahl, wenn jemals Tamora
Vor deinen hohen Augen Gnade fand,
Hör' unparteiisch mich für alle reden:
Auf mein Gesuch verzeihe, was geschehen.

Saturninus.

Wie, mein Gemahl, mich öffentlich entehren,
Und feig sollt' ich das dulden, ohne Rache?

Tamora.

Nicht so, mein Fürst: die Götter Roms verhüten,
Daß ich Euch so entehren lassen sollte!
Doch ich verbürge mich bei meiner Ehre
In allem für des guten Titus Unschuld.
Sein unverstellter Zorn zeigt seine Kränkung.
Auf mein Gesuch denn blickt mit Huld auf ihn;
Verliert nicht solchen Freund auf nicht'gen Wahn,
Noch kränkt sein freundlich Herz mit finsterm Blick.

(Bei Seite zu Saturninus.)

Folgt mir, Gemahl, und laßt Euch endlich rühren.
Verhehlt, was Euch verdrießt und Euch verstimmt;
Kaum sitzt Ihr fest auf Euerm neuen Thron:
Daß nicht das Volk und die Patricier auch
Wohlüberlegt Partei für Titus nehmen
Und Euch entthronen mögen wegen Undank,

Den Rom für eine arge Sünde hält,
Erhört das Flehn, und dann laßt mich gewähren:
Es kommt ein Tag, wo ich sie alle metzle,
Wegräume ihr Geschlecht und ihren Anhang,
Vater und Söhne, grausam und verrätherisch,
Die ich anfleht' um meines Sohnes Leben.
Sie sollen wissen, was es heißt, im Staube
Die Kön'gin knien, vergebens flehn zu lassen. —
(Laut.)
Komm, komm, mein Kaiser; komm Andronicus;
Heb' auf den guten Greis, mach' froh das Herz,
Das in dem Sturme deines Zornblicks stirbt.

Saturninus.

Titus, steh auf; die Kais'rin hat gesiegt.

Titus.

Dank Eurer Majestät, und ihr, o Herr!
Eu'r Wort und Blick flößt neues Leben ein.

Tamora.

Titus, ich bin jetzt einverleibt in Rom,
Als glücklich adoptirte Römerin,
Und muß zu seinem Heil dem Kaiser rathen.
Heut' endet jeden Streit, Andronicus;
Und laßt es denn mein Ruhm sein, mein Gemahl,
Daß ich Euch ausgesöhnt mit Euern Freunden.
Für Euch, Prinz Bassian, hab' ich dem Kaiser
Mein Wort und mein Versprechen drauf gegeben,
Daß Ihr lenksamer wollt und sanfter sein.
Seid unbesorgt, ihr Herrn, und Ihr, Lavinia,
Nach meinem Rath, auf Euer Knie gebeugt,
Fleht um Verzeihung Seine Majestät.

Lucius.

Wir thun's und schwören Gott und seiner Hoheit:
Das, was wir thaten, war nicht bös gemeint,
Der Schwester Ehr' und unsre wahrten wir.

Marcus.

Bei meiner Ehre, hier betheur' ich das.

Saturninus.

Hinweg und schwatzet nicht; stört uns nicht weiter.

Tamora.

Nein, nein, mein Kaiser, sei'n wir alle Freunde.
Marcus und seine Neffen knien um Gnade;
Ich will Gewährung, Trauter, sieh dich um.

Saturninus.

Marcus, um dein und deines Bruders willen,
Auf meiner holden Tamora Gesuch,
Verzeih' ich dieser Jünglinge Vergehn.
Steht auf!
Lavinia, verließt Ihr gleich mich gröblich,
Fand ich 'ne Freundin doch und schwor beim Tod,
Nicht unvermählt vom Priester wegzugehn.
Kommt, wenn mein Hof zwei Bräute kann bewirthen,
Seid Ihr mein Gast, Lavinia, sammt den Euern. —
Heut' soll Versöhnungstag sein, Tamora.

Titus.

Und morgen, wenn's der Majestät beliebt,
Den Panther und den Hirsch mit mir zu jagen,
Woll'n wir mit Horn und Hund Eu'r Gnaden wecken.

Saturninus.

So sei es, Titus. Vielen Dank dafür.
(Trompeten. Alle ab.)

Zweiter Aufzug.

Erste Scene.

Vor dem Palaste.

Aaron tritt auf.

Aaron.

Nun zum Olymp empor steigt Tamora,
Vorm Schuß des Schicksals sicher; droben sitzt sie
Und fürchtet keinen Donner mehr und Blitz,

Entrückt dem drohnden Arm des blassen Neides.
Wie wenn den Morgen grüßt die goldne Sonne
Und, da sie mit dem Strahl das Meer vergoldet,
Im Feuerwagen durch den Thierkreis jagt
Und auf die höchsten Hügel niederschaut,
So Tamora.
Der Erde Ehr' ist dienstbar ihrem Geist,
Und wenn sie dräut, neigt zitternd sich die Tugend.
So, Aaron, mache Herz und Sinn bereit
Mit deiner Kaiserin emporzusteigen
So hoch wie sie, die lang' du im Triumph
Gefangen hieltst, im Band der Liebesfesseln
Fester an Aaron's Zauberblick geschmiedet,
Als an den Kaukasus Prometheus ist.
Weg, sklav'sche Tracht und knechtische Gedanken!
In Gold und Perlen will ich strahlend leuchten
Zum Dienst der neugeschaffenen Kaiserin.
Zum Dienst, sagt' ich? Zum Buhlen mit der Herrin,
Der Göttin, der Semiramis, der Nymphe,
Der Meerfrau, die Roms Saturnin bezaubern,
Ihn und sein Reich zum Schiffbruch treiben wird. —
Halloh! Was für ein Lärm!

(Demetrius und Chiron treten auf im Streit.)

Demetrius.

Chiron, du bist zu jung, zu dumm, zu roh,
Daß du dich eindrängst, wo ich Huld gefunden.
Und, dir zum Trotz, Zuneigung finden kann.

Chiron.

Demetrius, in allem übermüthig,
Auch hier, wo mich dein Prahlwort beugen soll,
Der Abstand eines Jahres oder zweier
Macht mich nicht minder hold noch dich beliebter.
Ich bin so tauglich und geschickt wie du,
Um meiner Herrin Gunst im Dienst zu werben;
Und das erweisen soll an dir mein Schwert,
Das für Lavinia meine Glut bewährt.

Aaron.

Seid ruhig, ihr verliebten Friedensstörer!

Demetrius.

Ei, Bursch, wenn auch die Mutter unbedacht

Ein Tanzrappier dir an die Hüfte gab,
Bist du so tollkühn, daß du uns bedrohst?
Festleimen laß dein Holz dir in der Scheide,
Bis daß du's besser zu handhaben weißt.

Chiron.

Indeß, so wenig Fechtkunst ich auch habe,
Sollst du sehr wohl doch sehn, wie viel ich wage.

Demetrius.

Bist du so dreist, o Bursch?

(Sie ziehen die Schwerter.)

Aaron.

Wie nun, ihr Herrn!
So nah dem Kaiserschloß wagt ihr das Schwert
Zu ziehn und laut zu führen solchen Streit!
Sehr wohl kenn' ich den Grund all dieses Haders
Und möchte nicht um eine Million,
Daß die es wüßten, die's zumeist betrifft:
Noch um viel mehr wollt' eure edle Mutter
Am röm'schen Hof sich so entehren lassen.
Schämt euch, steckt ein.

Demetrius.

Nicht eh'r, bis ich mein Schwert
Begrub in seinen Busen und damit
Das Schmähwort niederstieß in seine Kehle,
Das er geäußert hier zu meinem Schimpf.

Chiron.

Dazu bin ich bereit und fest entschlossen,
Schmähsücht'ger Feigling, dessen Zunge donnert
Und dessen Schwert nichts auszuführen wagt.

Aaron.

Hinweg, sag' ich!
Nun, bei den Göttern der kriegslust'gen Gothen,
Uns alle wird noch dies Gezänk verderben.
Ihr Herrn, erwägt doch, wie's gefährlich ist,
Zu nah zu treten eines Prinzen Rechten!
Wie, ist Lavinia so gemein geworden;
Wie, oder Bassianus so entartet,
Daß solche Händel stattbast sind um sie,
Ganz ohne Strafgerechtigkeit und Rache?

Habt Acht, ihr Herren! Wenn die Kaiserin
Des Mißklangs Ursach hört, wird's schlecht ihr klingen.

Chiron.

Gleichviel, mag sie und alle Welt es wissen,
Mehr gilt Lavinia mir als alle Welt.

Demetrius.

Triff, Knabe, eine niedrigere Wahl;
Lavinia ist des ältern Bruders Hoffnung.

Aaron.

Wie, seid ihr toll, und wißt ihr nicht, wie man
Ingrimmig ist in Rom und unduldsam
In aller Liebesnebenbuhlerschaft?
Ich sag' euch, Herrn, ihr plant nur euern Tod
Mit diesem Anschlag.

Chiron.

Aaron, tausend Toden
Trotzt' ich, die zu erlangen, die ich liebe.

Aaron.

Sie zu erlangen! wie?

Demetrius.

Was wundert's dich?
Sie ist ein Weib, so läßt sie um sich werben;
Sie ist ein Weib, so läßt sie sich gewinnen;
Sie ist Lavinia; so will sie geliebt sein.
Ei, Mann, mehr Wasser als der Müller weiß
Läuft an der Mühle her; und es ist leicht,
Von angeschnittnem Brot ein Stück zu stehlen.
Ist Bassianus gleich des Kaisers Bruder,
Trug mancher Bessre schon das Mal Vulcan's.

Aaron (bei Seite).

Ja, und selbst Saturninus trägt's vielleicht.

Demetrius.

Wie sollte der verzweifeln, der zu werben
Versteht mit Worten, Mienen und Geschenken?
Wie, hast du nicht manchmal ein Reh erlegt
Und vor des Forstwarts Nase weggetragen?

Aaron.

So, scheint es, käm' euch ein gewisser Griff
Zu statten?

Chiron.

Ja, wenn er zu statten käme.

Demetrius.

Aaron, du trafst's.

Aaron.

Ich wollt', ihr träft's gleich sehr;
So kümmerte uns dieser Lärm nicht mehr.
So hört denn, hört: seid ihr denn solche Narrn,
Darum zu streiten? Würd's euch kränken denn,
Wenn's beiden glückte?

Chiron.

Traun, mich nicht.

Demetrius.

Noch mich,
Wär' ich der eine nur.

Aaron.

Pfui, einet euch als Freund' um was ihr streitet.
Schlauheit und Kriegslist ist's, die schaffen muß,
Was ihr erstrebt; und drauf müßt ihr gefaßt sein,
Daß, was ihr nicht nach Wunsch erlangen könnt,
Ihr mit Gewalt vollziehn müßt, wie ihr könnt.
Glaubt mir, Lucretia war keuscher nicht
Als Bassianus' Braut, Lavinia.
Geradern Weg als zögernd Liebesschmachten
Müssen wir nehmen, und ich fand den Pfad.
Ihr Herrn, ein großes Jagen steht bevor:
Dahin ziehn haufenweis die Römerinnen;
Die Forstreviere sind weit ausgedehnt,
Und mancher unbetretne Fleck ist da
Für Nothzucht und für Frevel wie geschaffen.
Lockt dort gesondert hin dies ledre Reh,
Erlegt's, wenn nicht mit Worten, mit Gewalt.
So, oder gar nicht, dürft ihr etwas hoffen.
Kommt, unsre Kais'rin, deren höll'scher Witz
Der Rach' und Büberei gewidmet ist,
Erfahren soll sie unsern ganzen Plan.
Und unsre Hebel wird ihr Rath verstärken,
Der euern Streit beschwicht'gen und euch beide

Zum Gipfel eurer Wünsche fördern wird.
Des Kaisers Hof ist wie der Fama Tempel,
Das Schloß von Zungen, Augen, Ohren voll;
Der Wald ist grausam, schrecklich, taub und stumm;
Dort, tapfre Jungen, sprecht und trefft und helft euch.
Fröhnt eurer Lust, geschirmt vorm Aug' des Himmels,
Und schwelget in Lavinia's Schatzkästlein.

Chiron.

Dein Rath, o Bursche, schmeckt nach keiner Feigheit.

Demetrius.

Sit fas aut nefas, find' ich nicht den Strom bald,
Der dieses Feuer kühlt, dies Fieber lindert,
Per Styga, per manes vehor.

(Sie gehen ab.)

Zweite Scene.

Ein Wald. Hörner und Hundegebell.

Titus Andronicus tritt auf mit Jägern. **Marcus**, **Lucius**, **Quintus** und **Martius**.

Titus.

Die Jagd ist auf, der Morgen hell und licht,
Die Felder duftig und die Wälder grün;
Laßt los die Meute hier und laßt sie bellen
Und weckt den Kaiser und sein holdes Weib
Den Prinzen auch, und laßt den Jagdgruß schallen,
Daß widerhallt vom Klang der ganze Hof.
Sei's euer Amt, wie's unsres ist, ihr Söhne,
Sorgsam zu hüten die Person des Kaisers.
Ich ward heut Nacht in meinem Schlaf gestört,
Doch gab der grau'nde Tag mir frischen Muth.

(Die Hörner blasen und die Hunde bellen.)

(**Saturninus**, **Tamora**, **Bassianus**, **Lavinia**, **Demetrius**, **Chiron** und Gefolge treten auf.)

Titus.

Viel Gute Morgen, Eurer Majestät;
Fürstin, auch Euch so viele und so gute.
Ich sagt' Eu'r Hoheit einen Jagdgruß zu.

Saturninus.

Und munter habt ihr ihn geblasen, Herrn;
Etwas zu früh für neuvermählte Fraun.

Bassianus.

Lavinia, was sagt Ihr?

Lavinia.

Ich sage: nein.
Zwei Stunden schon und länger war ich wach.

Saturninus.

Kommt mit denn, laßt uns Roß' und Wagen holen
Und so zur Jagd. — Fürstin, nun sollt Ihr schaun
Ein röm'sches Weidwerk.

Marcus.

Herr, ich habe Hunde
Zur Jagd, den stärksten Panther aufzuscheuchen
Und auf das höchste Vorgebirg zu klettern.

Titus.

Und Pferde ich, allwärts dem Wild zu folgen
Und übers Feld zu streifen schwalbengleich.

Demetrius.

Chiron, wir jagen nicht mit Pferd und Hund
Und strecken doch ein leckres Reh zum Grund.

(Ab.)

Dritte Scene.

Ein einsamer Platz im Walde.

Aaron tritt auf mit einem Beutel Gold.

Aaron.

Der Witz hat, meinte wol, ich hätte keinen,
Daß so viel Gold ich unterm Baum begrabe,
Um nie es später in Besitz zu nehmen.
So wisse, wer von mir so niedrig denkt,
Es soll dies Gold mir einen Anschlag münzen,

Der, listig ausgeführt, ein trefflich Stück
Spitzbüberei einst bringen wird zur Welt.
So ruhe, liebes Gold, und stör' die Ruhe
Derjenigen, denen hilft der Kais'rin Truhe.

(Er verbirgt das Gold.)

(Tamora tritt auf.)

Tamora.

Mein holder Aaron, warum blickst du ernst,
Wo alles um die Weite heiter scheint?
Aus jedem Busch tönt Vogelmelodie,
Die Schlange liegt geringelt in der Sonne;
Im kühlen Winde bebt das grüne Laub
Und bildet fleck'gen Schatten auf dem Grund.
Ruhn wir in diesem schatt'gen Obdach, Aaron,
Und, da ein plaudernd Echo täuscht die Hunde,
Den wohlgestimmten Hörnern laut erwidernd,
Als hörte man zugleich zwiefache Jagd,
Ruh'n wir gelagert, lauschend dem Gebell;
Und dann — nach solchem Ringkampf, wie wol einst
Der irrende Prinz und Dido ihn genossen,
Als ein beglückter Sturm sie überfiel
Und die verschwiegne Höhle sie verbarg —
Laß uns in engverschlungener Umarmung,
Nach unsrer Kurzweil, goldnen Schlummers pflegen.
Da Hörner, Hund' und süßmelod'sche Vögel
Uns tönen, wie der Amme Wiegenlied,
Das ihren Säugling singen soll in Schlaf.

Aaron.

Fürstin, wenn Eure Wünsche Venus lenkt,
So herrschet der Saturn den meinen ob.
Was deutet denn mein todtenstarres Auge,
Mein Schweigen, meine woll'ge Schwermuth an,
Mein woll'ges Haarvlies, das empor sich sträubt,
Wie eine Natter, die sich reckt und streckt
Zu irgendwelchem unheilvollen Thun?
Nein, Fürstin, das sind keine Liebeszeichen;
Rache steckt mir im Sinn, Tod in der Hand,
Blutdurst und Rach' arbeiten mir im Kopfe.
Hör', Tamora, du Herrin meiner Seele,
Die keinen Himmel hofft, als den in dir:
Heut ist der Todestag für Bassianus,
Wo seine Philomel' einbüßt die Zunge,

Wo deine Söhne ihre Keuschheit plündern
Und ihre Hände tauchen in sein Blut.
Siehst du den Brief hier? Nimm ihn, bitt' ich dich,
Dem König gib die arg entworfne Schrift.
Frag' mich nicht weiter jetzt; wir sind belauscht;
Hier kommt ein Stück der Beute, die wir hoffen,
Und ahnt das drohende Verderben nicht.

Tamora.

Mein holder Mohr, mir holder als das Leben!

Aaron.

Nicht weiter, Fürstin. Bassianus kommt;
Behandl' ihn schnöde; deine Söhne hol' ich
Dir beizustehn im Streit, gleichviel um was.

(Ab.)

(Bassianus und Lavinia treten auf.)

Bassianus.

Wen sehn wir da? Roms große Kaiserin
Allein, ohn' ihr geziemendes Gefolge?
Wie, oder ist's in ihrer Tracht Diana,
Die ihre heil'gen Haine hat verlassen,
Die große Jagd im Wald hier anzusehn?

Tamora.

Frecher Belauscher meines stillen Wegs!
Hätt' ich die Macht, die man Dianen beimaß,
Auf deine Schläfe pflanzt' ich dir sogleich
Die Hörner des Actäon, daß die Hunde
Anfielen deinen umgeformten Leib,
Zudringlicher Geselle, der du bist!

Lavinia.

Euch, edle Kais'rin, schreibt man, mit Vergunst,
Ein schön Talent im Hornaufsetzen zu,
Man argwöhnt, daß sich Euer Mohr und Ihr
Absonderten, um Proben anzustellen.
Gott wahr' heut Euern Mann vor seinen Hunden!
Schlimm wär's, wenn sie für einen Hirsch ihn hielten.

Bassianus.

Traun, Fürstin, Euer schwärzlicher Cimmerier
Macht Eure Ehre, wie sein Fell, gefärbt,
Befleckt, verabscheut, scheußlich, widerlich.

Was ließt Ihr Euer ganz Gefolg zurück,
Stiegt ab von Euerm schneeweiß edeln Roß
Und kamet hier an einen dunkeln Platz,
Von einem rohen Mohren nur begleitet,
Wenn arge Lust Euch nicht hierhergeführt?

Lavinia.

Und da wir Euch in Euerm Spaß gestört,
Wird wol mit Fug mein edler Gatte wegen
Zudringlichkeit gescholten! — Laßt uns gehn
Und sie sich freun des rabenfarb'gen Buhlen;
Ausnehmend paßt dies Thal zu solchem Zweck.

Bassianus.

Dem König, meinem Bruder, mach' ich's kenntlich.

Lavinia.

Ja, diese Streiche machten lang' ihn kenntlich.
Der gute Herr, so schlimm getäuscht zu sein!

Tamora.

Wie hab' ich, das zu tragen, die Geduld!

(Demetrius und Chiron treten auf.)

Demetrius.

Wie, theure Fürstin, unsre gnäd'ge Mutter,
Was schaut so bleich und blaß denn Eure Hoheit?

Tamora.

Hab' ich nicht Ursach, meint ihr, blaß zu schaun?
Die beiden lockten mich an diesen Ort,
Ihr seht, es ist ein graunhaft ödes Thal;
Die Bäume, trotz des Sommers, fahl und welk,
Mit Moos und böser Mistel ganz bedeckt.
Nie scheint die Sonne hier; hier nistet nichts
Als nächt'ge Eulen oder Unglücksraben.
Sie zeigten mir dies grauenhafte Loch
Und sagten, daß in todtenstiller Nacht
Hier tausend Teufel, tausend zischende Schlangen,
Zehntausend Stachelschwein' und gift'ge Kröten
So schreckliches und wirres Schrei'n vollführten,
Daß jeder Sterbliche, es hörend, strads
Wahnsinnig würde oder plötzlich stürbe.
Kaum daß sie diese Höllenmär' erzählt,

So drohten sie mir, hier mich festzubinden
An eines argen Eibenbaumes Stamm
Und solch unsel'gem Tode mich zu weihn;
Dann schalten sie mich Ehebrecherin,
Wollüst'ge Gothin, und was je ein Ohr
Derart'ger bittrer Schmähungen vernahm;
Und führt' euch nicht ein glücklich Wunder her,
Sie hätten diese Rach' an mir geübt.
Rächt ihr's, so euch der Mutter Leben lieb ist,
Sonst laßt euch nicht mehr meine Kinder nennen.

Demetrius (ersticht den Bassianus).

Dies ist ein Zeugniß, daß dein Sohn ich bin.

Chiron (ersticht ihn gleichfalls).

Und dieser Stoß soll meine Kraft bezeugen.

Lavinia.

Semiramis! — Nein, Tamora, Barbarin,
Denn nur dein Name paßt zu deiner Art!

Tamora.

Gib mir den Dolch! Sehn sollt ihr, meine Knaben,
Der Mutter Hand die Schmach der Mutter rächen.

Demetrius.

Halt, Fürstin, ihr gebührt noch mehr als das.
Erst drescht das Korn und brennt nachher das Stroh.
Dies Püppchen pocht' auf ihre Keuschheit hier,
Ihr Eh'gelübde, ihre Treu und trotzt
Mit dem geschminkten Wahn selbst Eurer Macht.
Und soll sie den mitnehmen in ihr Grab?

Chiron.

Ich wollt', ich wär' ein Hämling, wenn sie's thäte.
Schleppt ihren Gatten in ein heimlich Loch
Und sei sein Leichnam unsrer Wollust Pfühl.

Tamora.

Doch, wenn ihr den begehrten Honig habt,
Laßt nicht die Wespe leben, uns zu stechen.

Chiron.

Ich bürg' Euch, Fürstin, dafür wird gesorgt. —

Kommt, Liebchen, nun genießen mit Gewalt
Wir Eure feinbewahrte Ehrbarkeit.

Lavinia.

O Tamora, du trägst ein Weibesantlitz —

Tamora.

Ich höre sie nicht sprechen: fort mit ihr!

Lavinia.

Ach, liebe Herrn, laßt mich ein Wort ihr sagen.

Demetrius.

So hört sie, Fürstin; ihre Thränen sehn
Sei Euer Stolz; doch sei Eu'r Herz dagegen
Wie harter Kiesel gegen Regentropfen.

Lavinia.

Wann lehrten junge Tiger ihre Mutter?
(Zu Demetrius.)
O, lehre sie nicht Grimm, sie lehrt' ihn dich;
Die Milch, die du bei ihr sogst, ward zu Marmor;
An ihrer Brust trankst du die Grausamkeit.
Doch jede Mutter zeugt nicht gleiche Söhne.
(Zu Chiron.)
Fleh' du sie an um Mitleid für ein Weib.

Chiron.

Was! soll ich als ein Bastard mich erweisen?

Lavinia.

Wahr ist's, kein Rabe brütet Lerchen aus;
Doch hört' ich — fänd' ich's jetzt bestätigt doch! —
Der Leu, bewegt vom Mitleid, ließ es zu,
Daß man die mächt'gen Klau'n ihm ganz beschnitt.
Die Raben nähren, heißt's, verlorne Kinder,
Und lassen ihre Brut im Nest verhungern.
O! sei du mir, sagt Nein dein hartes Herz auch,
So milde nicht, doch nicht ganz mitleidlos.

Tamora.

Ich weiß nicht, was das heißt. Hinweg mit ihr!

Lavinia.

Laß mich doch leben. Meines Vaters halb,

Der statt des Todes dir das Leben gab,
Sei nicht verstockt. Thu' auf dein taubes Ohr!

Tamora.

Hättest du mich persönlich nie gekränkt,
Um seinetwillen bin ich mitleidlos. —
Denkt, Knaben, wie ich Thränen weint' umsonst,
Vor Opfrung euern Bruder zu bewahren;
Doch unerweicht blieb da Andronicus.
Drum fort mit ihr, gebraucht sie, wie ihr wollt,
Je schlimmer ihr, ist's um so lieber mir.

Lavinia.

O Tamora, heiß' eine güt'ge Fürstin
Und tödte mich mit eignen Händen hier;
Ums Leben hab' ich nicht so lang' gebettelt;
Todt war ich schon, als Bassianus starb.

Tamora.

Um was denn bettelst du? Laß mich, du Närrin.

Lavinia.

Ich bettl' um schleun'gen Tod und noch um etwas,
Was Weiblichkeit mir auszusprechen wehrt.
Schütz' mich vor ihrer Wollust, die mich schlimmer
Als todt macht, wirf mich in ein scheußlich Loch,
Wo nie ein Auge meinen Leichnam schaut;
Thu's und sei eine milde Mörderin.

Tamora.

So prellt' ich meine Söhn' um ihren Lohn.
Nein, laß sie büßen ihre Lust an dir.

Demetrius.

Fort! denn zu lange hieltst du uns hier auf.

Lavinia.

Nicht Huld, noch Weiblichkeit? Du viehisch Wesen!
Makel und Feindin du des Namens Weib!
Verderben fall' —

Chiron.

Da stopf' ich dir den Mund. — (Zu Demetrius.) Nimm du den Mann,
In dieses Loch hieß Aaron uns ihn bergen.

(Demetrius wirft den Leichnam des Bassianus in die Grube; dann gehen Demetrius und Chiron ab, Lavinia fortschleppend.)

Tamora.

Lebt wohl, ihr Söhne; seht sie wohl besorgt.
Nie soll mein Herz der Freude offen sein
Bis sämmtliche Androniker vertilgt sind.
Jetzt will ich mich zu meinem Mohren wenden,
Dieweil die Söhne dieses Weibsbild schänden.

(Ab.)

Vierte Scene.

Ebendaselbst.

Aaron tritt auf, mit **Quintus** und **Martius**.

Aaron.

Vorwärts, ihr Herrn, den bessern Fuß voran!
Stracks bring' ich euch zur ekelhaften Grube,
Wo ich den Panther fest im Schlafe traf.

Quintus.

Stumpf wird die Sehkraft mir; was deutet das?

Martius.

Auch mir, fürwahr. Schämt' ich mich nicht, so könnt' ich
Die Jagd verlassen und ein Weilchen schlafen.

(Er fällt in die Grube.)

Quintus.

Wie! Fielest du? Welch arges Loch ist das,
Von wildem Dorngesträuch ganz überwachsen,
An dessen Blättern Tropfen Bluts, so frisch,
Wie Morgenthau, der auf den Blumen liegt!
Ein schlimmer Unglücksort erscheint es mir.
Sprich Bruder, hast du dich im Fall verletzt?

Martius.

Ach, Bruder, mich verletzt ein graus'ges Bild,
Wie's Augen je das Herz bejammern ließen.

Aaron (bei Seite).

Den König hol' ich nun, daß er sie hier

Vorfind' und mit Wahrscheinlichkeit vermuthe,
Sie sein's, die seinen Bruder weggeräumt.
(Ab.)

Martius.

Was machst du mir nicht Muth und hilfst heraus
Mir aus dem argen, blutbefleckten Loch?

Quintus.

Mich überfällt ein seltsam Graun, mir deckt
Fröstelnder Schweiß die bebenden Gelenke;
Mehr als mein Auge sieht, argwöhnt mein Herz.

Martius.

Dein Herz ahnt wahr, und zum Beweise dessen
Blickt, du und Aaron, in dies Loch hinab
Und schaut ein grausig Bild von Blut und Tod.

Quintus.

Aaron ist fort; und mein gerührtes Herz
Gestattet nicht den Augen das zu schaun,
Bei dessen bloßer Ahnung es erbebt.
O sag' mir, was es ist; denn nie bisjetzt
War ich solch Kind, zu bangen ohne Grund.

Martius.

Prinz Bassianus liegt in seinem Blut
Dahingestreckt wie ein geschlachtet Lamm,
Im dunkeln, scheußlichen, blutdürst'gen Loch.

Quintus.

Wenn's dunkel drin, wie weißt du, daß es er ist?

Martius.

An seinem blut'gen Finger steckt ein Ring
Von hohem Werth, der rings die Grub' erleuchtet
Und, einer Fackel gleich in einem Grabmal,
Des Todten erdig fahl Gesicht bescheint
Und dieser Höhle rauhen Schos enthüllt.
So blaß beschien der Mond den Pyramus,
Als nachts er lag in Jungfraunblut gebadet.
O, hilf mir, Bruder, mit der schwachen Hand —
Wenn dich wie mich das Graun hat schwach gemacht —
Aus diesem wildgefräß'gen Leichenhause,
Scheußlich wie des Cocytus durst'ger Schlund.

Quintus.

Reich' mir die Hand, so helf' ich dir heraus.
Fehlt mir die Kraft, so hülfreich dir zu sein,
So reißt's auch mich wol in den gier'gen Schos
Des tiefen Lochs, des armen Fürsten Grab.
Mir fehlt die Kraft, dich bis zum Rand zu ziehn.

Martius.

Und mir die Kraft, allein emporzuklimmen.

Quintus.

Nochmals die Hand! Ich lasse sie nicht los,
Bis du hier oben oder drunten ich.
Du kannst zu mir nicht; so komm' ich zu dir.

(Er fällt hinein.)

(Saturninus und Aaron treten auf.)

Saturninus.

Folg' mir; sehn will ich, welche Grube hier
Und wer der ist, der jetzt in sie hineinsprang.
Sprich, wer bist du, der eben niederstieg
Hier in die offne Höhlung dieses Bodens?

Martius.

Titus Andronicus' unsel'ger Sohn,
In schlimmster Stunde hergebracht, um todt
Zu finden deinen Bruder Bassianus.

Saturninus.

Mein Bruder todt! Ich weiß du scherzest nur;
Er und Lavinia sind im Jägerhaus
Im Norden dieses lust'gen Jagdreviers.
Noch keine Stunde ist's, seit ich sie dort ließ.

Martius.

Ich weiß nicht, wo Ihr ihn lebendig ließt,
Doch, weh, o weh! hier fanden wir ihn todt.

(Tamora tritt auf mit Gefolge, Titus Andronicus und Lucius.)

Tamora.

Wo ist der König, mein Gemahl?

Saturninus.

Hier, Tamora; durch tödlich Leid gebeugt.

Tamora.

Wo ist dein Bruder Bassianus?

Saturnius.

Jetzt bringst du bis zur Tiefe meiner Wunde,
Erwürgt liegt hier der arme Bassianus.

Tamora (dem Saturnin einen Brief überreichend).

Zu spät dann bring' ich diese Unheilschrift,
Den Anschlag dieses jähen Trauerspiels;
Und staune, wie ein Menschenantlitz so
Blutdurst und Mord in Lächeln hüllen kann.

Saturnius (liest).

„Wenn wir ihn nicht geschickt antreffen sollten, —
Wir meinen Bassianus, lieber Weidmann —
Thu' du's für uns und grab' ihm dann sein Grab.
Du kennst die Absicht; suche deinen Lohn
Unter den Nesseln am Hollunderbaum,
Der jener Grube Oeffnung überschattet,
Wo Bassianus wir bestatten wollen.
Thu's und erwirb uns dauernd dir zu Freunden."
O, Tamora! ward je so was erhört?
Hier ist die Grub' und der Hollunderbaum.
Sucht Herrn, ob ihr den Weidmann finden könnt,
Der Bassianus hier ermorden sollte.

Aaron.

Mein gnäd'ger Fürst, hier ist der Beutel Gold.

Saturnius (zu Titus).

Zwei deiner Brut, Hunde von blut'ger Art,
Beraubten meinen Bruder hier des Lebens —
Schleppt, Leute, aus dem Loch sie ins Gefängniß;
Dort laßt sie stecken, bis daß wir für sie
Noch unerhörte Martern ausgesonnen.

Tamora.

Wie! Sind sie in der Grube da? O Wunder!
Wie leicht sich eine Mordthat doch enthüllt!

Titus.

Kaiser, auf meinen schwachen Knien erfleh' ich
Mit schwer vergossnen Thränen diese Gunst:

Daß diese Schuld meiner verfluchten Söhne —
Verflucht, wenn ihre Schuld bewiesen wird —

Saturninus.

Bewiesen wird? Ihr seht, wie klar sie ist. —
Wer fand den Brief? Warst du es, Tamora?

Tamora.

Es nahm Andronicus ihn selber auf.

Titus.

Ich that's, Herr; doch laßt mich ihr Bürge sein.
Ich schwör's beim hohen Grabe meiner Väter:
Auf Eurer Hoheit Wink soll'n sie bereit sein,
Mit ihrem Leben dem Verdacht zu stehn.

Saturninus.

Nein, keine Bürgschaft! Sieh, daß du mir folgest.
Bringt den Ermordeten, die Mörder fort.
Laßt sie nicht sprechen, ihre Schuld ist klar.
Bei meiner Seele, gäb's ein schlimmres Ende
Als Tod, das Ende sollten sie erproben.

Tamora.

Andronicus, ich will den König bitten;
Bang' um die Söhne nicht; es steht schon gut.

Titus.

Komm, Lucius, komm, und sprich mit ihnen nicht.
(Von verschiedenen Seiten ab.)

Fünfte Scene.

Ein anderer Theil des Waldes.

Demetrius und Chiron treten auf mit der geschändeten Lavinia, der die Hände abgehauen sind und die Zunge ausgeschnitten.

Demetrius.

Kann deine Zunge sprechen, geh und sprich,
Wer dir die Zung' ausschnitt und dich geschändet.

Chiron.

Schreib nieder was du weißt, verrath es so;
Gestatten's deine Stümpfe, spiel' den Schreiber.

Demetrius.

Sieh, wie sie kritzeln kann mit bloßen Zeichen.

Chiron.

Geh heim, nach Wasser ruf', zum Händewaschen.

Demetrius.

Die Zunge fehlt zum Ruf, zum Waschen Hände. —
So lassen wir sie ihrem stillen Weg.

Chiron.

Wenn's mein Fall wär', ich ging' und hängte mich.

Demetrius.

Ja, hätt'st du Hände, dir den Strick zu knüpfen!

(Demetrius und Chiron ab.)

(Hörner hinter der Scene. Marcus kommt von der Jagd.)

Marcus.

Wer ist's? Flieht meine Nichte da so rasch?
Nichte, ein Wort: wo ist dein Gatte? —
Träum' ich, nehmt all mein Gut, daß ich erwache;
Wach' ich, mag ein Planet mich niederstrecken,
Daß ich in ew'gem Schlaf entschlummern möge. —
Sprich, holde Nichte, welch grausame Hand
Verstümmelte den Leib dir und hieb ab
Sein Paar von Aesten, jene holden Zierden,
In deren Schatten Kön'ge gern geruht
Und doch kein solches Glück erringen konnten,
Wie deine Liebe. Warum sprichst du nicht?
Ach, ach! ein Purpurstrom von warmem Blut,
Gleich einem windbewegten Sprudelquell,
Steigt zwischen deinen Rosenlippen auf und fällt,
Und kommt und geht, mit deinem süßen Athem.
Ein Tereus wol entehrte dich und schnitt,
Daß du ihn nicht verriethest, dir die Zung' aus.
Ach, jetzt kehrst du aus Scham dein Antlitz ab,
Und trotz all dieses Blutergusses, wie
Aus eines Brunnenrohrs dreifacher Mündung,
Sind deine Wangen roth, wie Titan's Antlitz

Roth wird, wenn ein Gewölk es überzieht.
Soll ich statt deiner sprechen? sagen, 's ist so?
Kennt' ich dein Herz nur; kennt' ich nur das Thier,
Daß ich es schälte, mein Gemüth zu sänft'gen.
Verhohlner Gram, wie ein geschlossner Ofen,
Verbrennt das Herz, in dem er wohnt, zu Asche.
Es büßte Philomele nur die Zung' ein
Und stickte mühsam in ein Tuch ihr Leid.
Doch, holdes Kind, dir schnitt man ab dies Mittel.
Auf einen schlauern Tereus stießest du,
Und der schnitt dir die feinen Finger ab,
Die besser wol gestickt als Philomele.
Hätte das Unthier jene Lilienhände
Wie Espenlaub sehn zittern auf der Laute,
Sodaß die seid'nen Saiten gern sie küßten,
Nicht um sein Leben hätt' er sie berührt.
Hätt' er die Himmelsharmonie gehört,
Die jene holde Zunge tönen ließ,
Sein Messer ließ er fallen und entschlief
Wie zu des Orpheus' Füßen Cerberus.
Komm, gehn wir, deinen Vater blind zu machen;
Denn solch ein Bild macht blind ein Vaterauge.
Einstünd'ger Sturm ertränkt die Flur: wie erst
Monde von Thränen deines Vaters Augen!
Weich' nicht zurück, wir wollen mit dir klagen;
Hälf' unsre Klage nur dein Leid dir tragen!

(Sie gehen.)

Dritter Aufzug.

Erste Scene.

Eine Straße in Rom.

Es treten auf Senatoren, Tribunen und Richter mit **Marcius** und **Quintus**, gefesselt, auf dem Wege zur Hinrichtung, **Titus** geht voran.

Titus.

Hört mich, ihr Väter! Ihr Tribunen steht!
Um meines Alters halb, deß Jugend hinging

In wilden Kriegen, da ihr sorglos schlieft;
Um all mein Blut, das ich für Rom vergoß,
Um manche Winternacht, die ich durchwacht,
Um diese bittern Thränen, die ihr jetzt
Die Runzeln meiner Wangen füllen seht:
Erbarmt euch meiner todbestimmten Söhne.
Ihr Herz ist nicht so böse, wie man glaubt.
Um zweiundzwanzig Söhne weint' ich nie,
Weil auf der Ehr' erhabnem Bett sie starben.

(Er wirft sich auf die Erde, die Senatoren u. s. w. ziehen an ihm vorbei.)

Um die hier schreib' ich in den Staub, Tribunen,
Des Herzens Schmachten und der Seele Thränen.
Die Thränen laßt den Durst der Erde löschen,
Der von dem Blut der Söhn' erröthen müßte.
O Erde, vollern Regen spend' ich dir,
Den diese beiden alten Urnen träufeln,
Als der April mit allen seinen Schauern.
Im Sommer will ich auf dich thaun, im Winter
Den Schnee mit meinen warmen Thränen schmelzen
Und ew'gen Lenz auf deinem Antlitz halten,
Wenn du der Söhne Blut zu trinken weigerst.

(Lucius tritt auf mit gezücktem Schwerte.)

Würd'ge Tribunen! Edle Greise! Bindet
Los meine Söhn' und widerruft ihr Urtheil,
Daß ich, der nie zuvor geweint, mag sagen,
Mächt'ge Fürsprecher sind jetzt meine Thränen.

Lucius.

Umsonst, o edler Vater, wehklagt Ihr:
Es hört Euch kein Tribun, kein Mensch ist da,
Und Euer Leid erzählt Ihr einem Stein.

Titus.

Für deine Brüder laß mich reden, Lucius. —
Würd'ge Tribunen, nochmals fleh' ich euch.

Lucius.

Mein Vater, kein Tribun hört Euer Wort.

Titus.

Es macht nichts, Mann; wenn sie auch hörten, würden
Sie nicht drauf achten; achteten sie drauf,
So rührt' es sie nicht; reden muß ich doch,
Frommt' es auch nicht — —

Deshalb erzähl' ich hier mein Weh den Steinen,
Die meinem Leid zwar nicht antworten können,
Doch darin besser sind als die Tribunen,
Daß sie nicht meine Worte unterbrechen.
Sie, wenn ich weine, nehmen meine Thränen
Demüthig hin und weinen gleichsam mit mir.
Und wären sie nur ehrbar angekleidet,
Rom hätte keine stattlichern Tribunen.
Steine sind weich wie Wachs, härter als Stein' Tribunen;
Steine sind stumm und harmlos, und Tribunen
Thun Todesurtheil' kund mit ihren Zungen.
Doch weshalb stehst du mit gezognem Schwert?

Lucius.

Vom Tod die beiden Brüder zu befrein,
Für welches Wagstück über mich die Richter
Ein ewiges Verbannungsurtheil sprachen.

Titus.

Beglückter Mann! sie thaten Gutes dir.
Wie, Lucius, du Thor, erkennst du nicht,
Daß Rom nur eine Tigerwildniß ist?
Die Tiger wollen Beute, Rom hat keine
Als mich und mein Geschlecht. Wie bist du glücklich,
Verbannt zu werden, fern von diesen Schlingern!
Doch wer kommt da mit unserm Bruder Marcus?

(Marcus und Lavinia treten auf.)

Marcus.

Titus, heiß' deine alten Augen weinen,
Wenn nicht, heiß' brechen dann dein edles Herz.
Verzehrend Wehe bring' ich deinem Alter.

Titus.

Wird's mich verzehren? Laß es mich dann sehn.

Marcus.

Dies war dein Kind.

Titus.

Marcus, das ist sie noch.

Lucius.

Weh' mir, der Anblick tödtet mich!

Titus.

Steh auf, schwachherz'ger Knabe, schau sie an. —
Welche verfluchte Hand, Lavinia, sprich,
Machte dich handlos vor des Vaters Blick!
Und welcher Thor goß Wasser in die See
Und warf in Trojas lichten Brand ein Reisbund?
Mein Leid stieg hoch genug schon, eh' du kamst,
Und spottet nun, dem Nil gleich, jeder Schranke.
Gib mir ein Schwert, ich hau' auch meine Händ' ab,
Weil sie für Rom gekämpft, und ganz umsonst,
Und dieses Weh genährt, das Leben fristend;
Ich streckt' empor sie in fruchtlosen Bitten,
Sie dienten mir zu nichtigem Gebrauch:
Jetzt fordr' ich keinen Dienst davon, als daß
Die eine mir die andre abhaun helfe.
Gut, daß du keine Hände hast, Lavinia,
Denn Händ' im Dienste Roms sind eitel nur.

Lucius.

Sprich, liebe Schwester, wer hat dich gemartert?

Marcus.

O, jenes süße Werkzeug ihres Geistes,
Das ihn so hold beredt ausplauderte,
Ist ausgerissen aus dem art'gen Käfig,
Darin es, ein melodischer Vogel, sang
Vielfache Weisen, jedes Ohr bezaubernd.

Lucius.

O, sprich du für sie; wer that diese That?

Marcus.

So fand ich sie, im Wald umirrend und
Sich zu verbergen suchend, wie das Reh,
Das eine unheilbare Wund' erhielt.

Titus.

Sie war mein Reh, wer sie verwundet, hat
Mich mehr verletzt, als wenn er mich getödtet.
Denn jetzt steh' ich wie wer auf einem Fels,
Umgeben rings von einer Meereswüste,
Der Well' auf Welle steigen sieht die Flut,
Gewärtig stets, daß ihn die tück'sche Brandung
Verschlingen werd' in ihren salz'gen Schos.

Dorthin zum Tode gingen meine Söhne,
Hier steht mein andrer Sohn als ein Verbannter,
Und hier mein Bruder weinend um mein Weh;
Doch das, was meine Seel' am meisten quält,
Lavinia ist's, mir theurer als die Seele. —
Hätt' ich dein Bild nur so entstellt gesehn,
Mich hätt' es toll gemacht; was werd' ich nun,
Da ich dein lebend Wesen so erblicke?
Dir fehlt die Hand, die Thränen dir zu trocknen;
Die Zunge, deinen Marterer zu nennen.
Todt ist dein Gatte, und verdammt um seinen
Tod deine Brüder, und wol auch schon todt.
Schau, Marcus, ach, Sohn Lucius, schau sie an:
Als ich die Brüder nannt', auf ihrer Wange
Stehn frische Thränen, wie der Honigthau
Auf der gepflückten fast verwelkten Lilie.

Marcus.

Sie weint vielleicht, weil sie den Gatten würgten,
Vielleicht auch, weil sie deren Unschuld kennt.

Titus.

Würgten sie deinen Gatten, so sei froh,
Weil das Gesetz an ihnen Rache nahm. —
Nein, nein, sie thaten solche Unthat nicht:
Die Trauer ihrer Schwester zeugt für sie. —
Lavinia, laß mich deine Lippen küssen,
Ein Zeichen gib, wie ich dir wohlthun kann.
Dein Ohm, dein Bruder Lucius, du und ich
Sollen wir rings um eine Quelle sitzen
Und niederschaun und sehn, wie unsre Wangen
Entstellt sind, den noch feuchten Wiesen gleich,
Drauf eine Flut zurückließ schmuz'gen Schlamm?
Dann in die Quelle starren wir so lange,
Bis sie nicht mehr nach süßem Wasser schmeckt
Und salzig wird von unsern bittern Thränen.
Soll'n wir die Händ' uns abhaun so wie deine?
Soll'n wir die Zung' abbeißen und den Rest
Der Jammertag' in stummem Spiel verleben?
Was soll'n wir thun? Laß uns, die Zungen haben,
Ausklügeln einen Plan von weiterm Elend,
Daß man uns anstaun' in der Folgezeit.

Lucius.

Mein Vater, hemmt die Thränen, denn Ihr seht:
Es schluchzt und weint bei Euerm Weh die Schwester.

Marcus.

Geduld, lieb Kind. — Trockne die Augen, Titus.

Titus.

Ach, Marcus, Marcus! Bruder, ich weiß wol,
Dein Tuch trinkt keine meiner Thränen mehr,
Denn mit den deinen hast du's ganz getränkt.

Lucius.

Lavinia, laß mich deine Wangen trocknen!

Titus.

Sieh, Marcus, sieh! Klar sind mir ihre Zeichen.
Fehlt' ihr die Zunge nicht, sie sagte jetzt
Zu ihrem Bruder, was ich dir gesagt:
Sein Tuch, von seinen Thränen ganz durchnäßt,
Kann ihren trüben Wangen nicht mehr dienen.
O, wie das Leid hier gleichstimmt beide Theile,
Dem Trost fern, wie die Hölle fern dem Heile!

(Aaron tritt auf.)

Aaron.

Titus Andronicus, mein Herr, der Kaiser
Entbeut dir: wenn du deine Söhne liebst,
Mag Marcus, Lucius oder Titus, du —
Einer von Euch — sich abhaun seine Hand
Und sie dem König senden; er dafür
Schickt beide Söhne lebend dir zurück;
Das sei das Lösegeld für ihr Vergehn.

Titus.

O gnäd'ger Kaiser! O du lieber Aaron!
Sang je ein Rabe so der Lerche gleich,
Die holde Botschaft bringt vom Sonnenaufgang?
Von Herzen gern send' ich die Hand dem Kaiser.
Freund Aaron, willst du mir sie abhaun helfen?

Lucius.

Halt, Vater, jene deine edle Hand,
Die so viel Feinde niederwarf, darf nicht

Gesendet werden; meine reicht schon aus.
Mein Blut entbehr' ich Jüngling eh'r als Ihr,
Deshalb soll meins der Brüder Leben retten.

Marcus.

Welche von Euern Händen hat nicht Rom
Beschirmt und schwang die blut'ge Streitaxt hoch,
Vernichtung zeichnend auf des Feindes Helm?
Jede von beiden hat ein groß Verdienst.
Unnütz war meine Hand nur; diene sie,
Vom Tod zu lösen meine beiden Neffen,
Dann hab' ich sie zu würd'gem Ziel bewahrt.

Aaron.

Nun, eint euch, wessen Hand ich haben soll;
Sonst sterben sie, eh' die Begnad'gung kommt.

Marcus.

Sei's meine Hand.

Lucius.

Beim Himmel, nein, sie soll nicht.

Titus.

Streitet nicht weiter: welkes Kraut wie dies,
Ist zum Ausroden reif; darum sei's meine.

Lucius.

Wenn ich dein Sohn soll heißen, lieber Vater,
Laß mich vom Tode meine Brüder lösen!

Marcus.

Um unsers Vaters, unsrer Mutter halb
Laß jetzt mich Bruderliebe dir bezeugen!

Titus.

Eint euch darum; ich schone meine Hand.

Lucius.

Hol' ich ein Beil denn.

Marcus.

Doch, ich will's gebrauchen.

(Lucius und Marcus ab.)

Titus.

Komm, Aaron, her; ich will sie beide täuschen.
Leih' deine Hand mir, so geb' ich dir meine.

Aaron (bei Seite).

Heißt Täuschung das, so will ich ehrlich werden
Und nie im Leben Menschen täuschen so.
Doch täuschen werd' ich euch in andrer Art,
In einer halben Stunde sagt ihr das.

(Er haut Titus' Hand ab.)

(Lucius und Marcus treten wieder auf.)

Titus.

Nun laßt den Streit; besorgt ist was zu thun ist. —
Freund Aaron, gib dem Kaiser meine Hand;
Sag' ihm, 's war eine Hand, die ihn vor tausend
Gefahren schirmte; heiß' ihn sie bestatten.
Mehr hat sie wol verdient; das mög' ihr werden.
Und meine Söhne — sag', ich achte sie
Wie ein um leichten Preis erworbnes Kleinod —
Und theuer doch: ich kaufte ja, was mein.

Aaron.

Ich geh', Andronicus, und für die Hand
Sollst du alsbald bei dir die Söhne sehn.

(Bei Seite.)

Die Köpfe mein' ich. — O, wie dieser Streich
Mich, schon mit dem Gedanken dran, erlabt!
Wenn Narrn gut thun und fromm ein Weißer spricht,
Sei Aaron's Seele schwarz wie sein Gesicht.

(Ab.)

Titus.

O, hier heb' ich die eine Hand empor,
Und erdwärts senk' ich diesen schwachen Stumpf:
Hat eine Macht mit armen Thränen Mitleid,
Die ruf' ich an. — (Zu Lavinia.) Wie, willst du mit mir knien?
Thu's; hören soll der Himmel unser Flehn,
Sonst trüben wir die Luft mit unsern Seufzern
Und mit Gedünst die Sonne, wie Gewölk,
Wenn es sie hüllt in seinen feuchten Schos.

Marcus.

O Bruder, sprich von dem, was möglich ist,
Und brich nicht in so tiefes Unmaß aus.

Titus.

Ist nicht mein Jammer tief und bodenlos?
Laß bodenlos auch meinen Ausbruch sein.

Marcus.

Doch laß Vernunft regieren deine Klage.

Titus.

Gäb' es Vernunft und Grund für dieses Elend,
Könnt' ich in Schranken halten all mein Weh.
Schwimmt nicht die Erde, wenn der Himmel weint?
Wird nicht das Meer toll, wenn die Winde rasen,
Und droht mit hochgeschwollner Flut dem Aether?
Und heischest du Vernunft für solche Noth?
Ich bin das Meer, horch wie sein Seufzen weht!
Es ist der weinende Aether, ich die Erde.
So muß mein Meer von ihren Seufzern stürmen,
Und meine Erde muß zur Sündflut werden,
Von ihren ew'gen Thränen überschwemmt.
Mein Innres kann ihr Leid nicht in sich halten,
Ich muß es ausspein wie ein Trunkenbold.
Gönn' es mir denn, vergönnt wird dem Verlierer,
Mit bittrer Zunge so sich Luft zu machen.

(Ein Bote tritt auf, mit zwei Köpfen und einer Hand.)

Bote.

Würd'ger Andronicus, schlecht lohnt man dir
Die gute Hand, die du dem Kaiser sandtest.
Hier sind die Häupter deiner edeln Söhne;
Hier deine Hand, im Hohn zurückgesandt;
Dein Weh ihr Spiel, dein fester Muth ihr Spott.
So ist mir weher, deines Wehs zu denken,
Als wenn ich denk' an meines Vaters Tod.

(Ab.)

Marcus.

Siciliens heißer Aetna mög' erkalten,
Mein Herz zu ewig glühnder Hölle werden!
Dies Leid ist größer, als sich tragen läßt.
Mit Weinenden zu weinen lindert wohl,
Doch ist verhöhntes Leid zwiefacher Tod.

Lucius.

Wie dieser Anblick also tief verwundet,
Und das verhaßte Leben doch nicht weicht!
Daß doch der Tod das Leben Leben noch
Läßt heißen, wo es nur ein Athmen ist!

(Lavinia küßt den Titus.)

Marcus.

Ach, armes Herz! der Kuß ist Trostes baar,
Wie eis'ges Wasser der erstarrten Schlange.

Titus.

Wann endet dieser grause Schlummer wol?

Marcus.

Fort, Schmeichelei, jetzt! stirb, Andronicus.
Du schlummerst nicht; sieh deiner Söhne Häupter;
Sieh deine Hand hier, dein verstümmelt Kind,
Sieh den verbannten Sohn, den dieser Anblick
Blutlos und bleich macht; sieh mich, deinen Bruder,
Ganz wie ein steinern Bild so kalt und starr.
Ach! hemmen will ich fürder nicht dein Weh;
Rauf' aus dein Silberhaar, die andre Hand
Dir mit den Zähnen nagend; und es mag
Dies Schauspiel unsre armen Augen schließen!
Jetzt ist zum Toben Zeit; was schweigst du denn?

Titus.

Ha, ha, ha!

Marcus.

Was lachst du? Nicht zu dieser Stunde stimmt's.

Titus.

Ei, keine Thräne mehr hab' ich zu weinen,
Und dieser Jammer ist ein Feind, der sich
Bemächt'gen möchte meiner nassen Augen
Und blind sie machen mit zinspflicht'gen Thränen.
Wie fänd' ich denn der Rache Höhle auf?
Denn diese beiden Köpfe sprechen, scheint's,
Und drohn mir, daß ich nie zum Heil soll kommen,
Bis all der Gräu'l zurückerstattet sei
Tief in den Schlund hinein der argen Thäter.
Kommt, laßt mich sehn, welch Tagewerk mir obliegt.
Schließt um mich einen Kreis, bedrängte Leute,
Daß ich an jeden mich von euch mag wenden
Und heilig schwören, euer Leid zu rächen. —
Es ist gelobt. — Komm, Bruder, nimm ein Haupt,
In dieser Hand will ich das andre tragen.
Lavinia, du sollst auch verwendet werden:
Trag meine Hand, lieb Kind, in deinen Zähnen. —
Du, Knabe, geh, geh fort aus meinen Augen.

Du bist verbannt, und bleiben darfst du nicht.
Eil' zu den Gothen, bring ein Heer dort auf;
Und liebt ihr mich — ich glaube, daß ihr's thut —
Küßt mich und geht, denn viel ist noch zu thun.

(Titus, Marcus und Lavinia ab.)

Lucius.

Leb' wohl, Andronicus, mein edler Vater,
So reich an Weh, wie keiner je in Rom.
Leb' wohl, du stolzes Rom; bis Lucius heimkehrt,
Läßt er dir Pfänder, theurer als sein Leben.
Leb' wohl, Lavinia, meine edle Schwester,
O, wärest du, wie du zuvor gewesen!
Doch jetzt lebt Lucius und Lavinia nicht,
Als nur im Weh und in Vergessenheit.
Wenn Lucius lebt, wird er eu'r Leid vergelten:
Der stolze Saturnin soll und sein Weib
Betteln am Thor wie einst Tarquin und Frau.
Jetzt zu den Gothen, mir ein Heer zu sammeln
Und mich an Rom und Saturnin zu rächen!

(Ab.)

Zweite Scene.

Ein Zimmer in Titus' Hause. Ein Banket ist aufgetragen.

Es treten auf Titus, Marcus, Lavinia und der Knabe Lucius.

Titus.

So, setzt euch nun; eßt aber nur so viel
Wie Kraft genug in uns bewahren wird,
Um dieses unser bittres Leid zu rächen.
Marcus, nicht kreuze so im Schmerz die Arme.
Ich und Lavinia haben keine Hände
Und können unser zehnfach Leid nicht klagen
Mit Armgekreuz. Mir blieb nur diese Hand,
Die rechte, gegen meine Brust zu wüthen;
Und wenn mein Herz, wahnsinnig ganz von Jammer,
Hier in der hohlen Haft des Fleisches pocht,
Dann schlag' ich's nieder so.

(Zu Lavinia.)

Muster des Leids, du, die in Zeichen spricht,
Wenn dein Herz so in argem Pochen pocht,
Du kannst es nicht so schlagen, daß es still sei.
Mach' es mit Seufzern wund und todt mit Aechzen;
Nimm zwischen deine Zähn' ein kleines Messer
Und stich ein Loch, dem Herzen zugekehrt,
Daß deiner Augen ganzer Thränenguß
In jene Rinne fließ' und, eingesogen,
Den armen Narrn ertränk' in salz'ger Flut.

Marcus.

Pfui, Bruder, pfui! lehr' sie nicht so gewaltsam
Hand legen an ihr eignes zartes Leben.

Titus.

Wie! brachte dich der Jammer schon zum Faseln?
Niemand doch sollte toll sein als nur ich.
Wie kann sie Hand anlegen an sich selbst?
Ach, weshalb magst du nur die Hände nennen?
Das heißt: Aeneas zweimal reden lassen
Von Trojas Brand und seinem eignen Elend.
Handhabe nicht das Thema von den Händen,
Daß es uns mahne, wie wir keine haben.
Pfui, wie wahnwitzig füg' ich meine Rede!
Vergäßen wir es, daß wir keine haben,
Wenn Marcus nicht die Hände nennen würde? —
Kommt, langet zu; und liebes Kind, iß dies. —
Hier ist kein Trank. Hör', Marcus, was sie sagt:
All' ihre Zeichensprache kann ich deuten.
Sie sagt: für sie kein andrer Trank als Thränen,
Vom Leid gebraut, gemischt auf ihren Wangen. —
Stummklagende, ich lerne deinen Sinn,
Und dein Geberdenspiel soll so vertraut
Mir sein wie Bettelklausnern ihr Gebet:
Wenn du nur seufzest, deine Stümpf' emporhebst,
Nur blinzelst, winkest, kniest, ein Zeichen machst,
Will ich daraus ein Alphabet mir ziehn
Und was du meinst in steter Uebung lernen.

Knabe.

Großvater, lasse diese bittern Klagen,
Mach' meine Muhme froh mit heitrer Mär.

Marcus.

Der zarte Knab', im Wehgefühl gerührt,
Weint, da er seines Großahns Schwermuth sieht.

Titus.

Still, zartes Kind; du bist gemacht aus Thränen,
Und Thränen schmelzen rasch dein Leben hin.
(Marcus stößt mit einem Messer in die Schüssel.)
Wonach denn stöß'st du mit dem Messer, Marcus?

Marcus.

Nach dem, was ich erlegt — nach einer Fliege.

Titus.

Pfui, Mörder, über dich! Mein Herz erlegst du.
Mein Aug' ist satt vom Anschaun grausen Thuns.
Ein Mord, an dem Unschuldigen vollführt,
Ziemt Titus' Bruder nicht. Geh mir von hinnen;
Ich sehe, du bist kein Genoß für mich.

Marcus.

Ach, Herr, ich tödtet' eine Fliege nur.

Titus.

Nur! Wenn die Fliege einen Vater hatte,
Wie ließe der die goldnen Flüglein hängen
Und summte Klagelieder in die Luft!
Harmlose Fliege!
Sie kam, mit artig summendem Getön
Uns zu erfreun, und du hast sie getödtet!

Marcus.

Verzeih, es war ein schwarz und häßlich Thier,
Der Kais'rin Mohren gleich; drum tödtet' ich's.

Titus.

O, o, o!
Verzeih denn mir, daß ich dich tadelte,
Denn du hast eine fromme That gethan.
Dein Messer her, ich will darob stolziren,
Mir schmeichelnd, daß der Mohr es sei, der eigens
Hierhergekommen, um mich zu vergiften. —
(Er sticht mit dem Messer.)
Den Stoß für dich, und den für Tamora.

Ja, Bursche! —
Wir sind noch nicht so tief gesunken, mein' ich,
Daß wir nicht eine Fliege tödten könnten,
Die in Gestalt des schwarzen Mohren kommt.

Marcus.

Der Arme! So hat ihn der Gram verwandelt,
Daß er den Schatten für das Wesen nimmt.

Titus.

Kommt, räumet ab. — Lavinia, geh mit mir
In dein Gemach; da les' ich mit dir traurige
Geschichten, die in alter Zeit geschahn. —
Komm, Knabe, gehe mit, dein Aug' ist jung,
Und du sollst lesen, wenn das meine blind wird.

Vierter Aufzug.

Erste Scene.

Rom. Titus' Garten.

Es treten auf der Knabe Lucius und Lavinia, die hinter ihm herläuft. Dann Titus und Marcus.

Knabe.

Großvater, hilf! Muhme Lavinia folgt
Mir überall hin; ich weiß nicht warum. —
O, Oheim Marcus, sieh, wie schnell sie kommt! —
Ach! liebe Muhm', ich weiß nicht, was Ihr wollt.

Marcus.

Bleib bei mir, Lucius; fürchte nicht die Muhme.

Titus.

Sie liebt dich, Kind, zu sehr, dir Leids zu thun.

Knabe.

Ja wohl, als noch mein Vater war in Rom.

Marcus.

Was will Lavinia denn mit diesen Zeichen?

Titus.

Fürchte sie nicht, sie hat etwas im Sinn.
Sieh, Lucius, sieh, wie viel sie von dir hält!
Du sollest sie irgendwohin begleiten.
Ach, Kind, sorgsamer las Cornelia nie
Den Söhnen vor, als sie Gedichte dir
Und Cicero's Orator vorgelesen.

Marcus.

Erräthst du nicht, weshalb sie dir so zusetzt?

Knabe.

Ich weiß es nicht, Herr, und errath' es nicht,
Wenn nicht ein Wahnsinnsanfall sie ergriff;
Oft sagte mein Großvater schon, es mache
Ein Uebermaß von Schmerz die Menschen toll.
Auch las ich: die trojan'sche Hecuba
Ward toll vor Schmerz. Das flößte Furcht mir ein,
Obwol ich weiß, daß meine edle Muhme
So lieb mich hat, wie je die Mutter hatte,
Und nie, wenn nicht in Wuth, mich schrecken würde.
Da warf ich denn die Bücher hin und floh,
Grundlos vielleicht. — Verzeiht mir, liebe Muhme;
Und wenn mein Oheim Marcus mit mir geht,
Steh' ich Eu'r Gnaden gerne zu Befehl.

Marcus.

Ich will's, o Lucius.

(Lavinia schlägt die Bücher um, die Lucius fallen ließ.)

Titus.

Wie nun, Lavinia? — Was soll das, Marcus?
Irgend ein Buch da wünschet sie zu sehen. —
Welches von diesen, Kind? — Oeffne sie, Knabe. —
Doch du bist mehr belesen und geübter,
Komm, wähl' aus meinem ganzen Bücherschatz
Und täusche so dein Wehe, bis der Himmel
Den argen Stifter dieser That enthüllt. —
Was hebt sie wiederholt die Arme so?

Marcus.

Sie meint wol, daß an dieser Unthat mehr
Als einer theilnahm. — Ja, es waren mehre;
Oder sie hebt zum Himmel sie um Rache.

Titus.

Welch Buch ist das, das sie so wendet, Lucius?

Knabe.

Großvater, des Ovid Metamorphosen;
Die Mutter gab mir's.

Marcus.

Um der Todten willen
Sucht sie vielleicht es aus dem Rest hervor.

Titus.

Sacht! so geschäftig blättert sie darin!
Hilf ihr, was sucht sie? — Soll ich's lesen, Kind?
Das ist die trag'sche Mär von Philomele,
Von Tereus' Arglist und von seiner Nothzucht;
Und Wurzel deines Wehs war Nothzucht, fürcht' ich.

Marcus.

Sieh, Bruder, sieh, wie sie die Blätter prüft.

Titus.

Lavinia, hat man dich so überfallen,
Geschändet und gekränkt, wie Philomele
Im unbarmherz'gen, öden, dunkeln Wald? —
Sieh, sieh!
Ja, solch ein Ort ist da, wo wir gejagt —
O hätten wir doch nie dort, nie gejagt! —
Dem gleichend, den der Dichter hier beschreibt,
Den die Natur für Mord und Nothzucht schuf.

Marcus.

Wie baute die Natur so grauf'ge Höhlen,
Wenn sich die Götter nicht an Greueln freuten?

Titus.

Deut' an, mein Kind, denn hier sind Freunde nur,
Welch röm'scher Herr die That zu thun gewagt:
Schlich Saturnin sich fort, wie einst Tarquin
Das Heer verließ, Lucretien zu berücken?

Marcus.

Setz' dich, o Nichte; setz' dich zu mir, Bruder —
Apollo, Pallas, Jupiter, Mercur,
Begeistert mich, den Frevel zu entdecken! —

Blickt her, o Herr! — Blick' her, Lavinia,
Der Sandfleck hier ist glatt und eben; kannst du's,
Thue mir's nach.

(Er schreibt seinen Namen mit seinem Stabe, den er mit Fuß und Mund führt.)

So hab' ich meinen Namen
Ohn' allen Beistand meiner Hand geschrieben. —
Fluch dem, der zu dem Nothbehelf uns zwang! —
Schreib du, o Kind, und hier enthüll' uns endlich,
Was Gott zur Rache will enthüllet haben;
Gott leite deine Feder, klar zu schreiben,
Daß wir die Frevler und die Wahrheit kennen.

(Sie nimmt den Stab in ihren Mund und führt in mit ihren Stümpfen und schreibt.)

Titus.

O, liest du, Herr, was sie geschrieben hat?
Stuprum — Chiron — Demetrius.

Marcus.

Wie, wie! der Tamora wollüst'ge Söhne,
Vollbringer dieser scheußlich blut'gen That?

Titus.

Magni dominator poli,
Tam lentus audis scelera, tam lentus vides?

Marcus.

O, lieber Herr, sei ruhig; weiß ich gleich,
Genug geschrieben steht auf diesem Grunde,
Aufruhr im mildesten Gemüth zu stiften.
Und Kinder selbst zu lautem Schrei zu treiben.
Knie' nieder, Herr, mit mir; Lavinia, knie'
Und Knabe du, des röm'schen Hektor's Hoffnung,
Und schwört mit mir, wie mit dem armen Gatten
Und Vater der entehrten keuschen Frau
Einst Brutus schwor nach der Lucretia Schändung,
Daß wir wohlüberlegt tödliche Rache
An diesen goth'schen Frevlern suchen wollen,
Ihr Blut sehn, oder sterben in der Schmach.

Titus.

Sicher genug, wenn ihr nur wüßtet, wie.
Habt Acht, wenn ihr die Bärenjungen jagt:
Wach wird die Mutter, wittert sie euch nur.
Verbündet ist sie mit dem Leun und schläfert
Ihn ein und kost, auf ihrem Rücken liegend;

Und wenn er schläft, thut sie, was ihr beliebt.
Laß nach, du allzu junger Jäger, Marcus,
Und komm, ich hole mir ein Blatt von Erz,
Mit einem Stahl schreib' ich die Worte drauf
Und leg's beiseit. Den Sand hier wird ein stürm'scher
Nordwind verwehn wie der Sibylle Blätter;
Wo bleibt die Mahnung dann? — Was meinst du, Knabe?

Knabe.

Ich meine, Herr, wär' ich ein Mann, so sollte
Nicht ihrer Mutter Schlafgemach die schlechten
Leibeigenen im Joche Roms beschützen.

Marcus.

Das ist mein Sohn! Dein Vater that gar oft
Ein Gleiches für sein undankbares Land.

Knabe.

Und, Ohm, auch ich thu's, bleib' ich nur am Leben.

Titus.

Kommt mit mir in mein Rüstgemach, da will ich
Dich rüsten, Lucius, und es soll mein Knabe
Von mir Geschenke bringen an die Söhne
Der Kais'rin, die ich beiden senden will.
Nicht wahr, du richtest deine Botschaft aus?

Knabe.

Ja, mit dem Dolch in ihre Brust, Großvater!

Titus.

Nein, nicht so, Knab'; ein andres lehr' ich dich.
Lavinia, komm! — Marcus, acht' auf mein Haus.
Lucius und ich, wir woll'n am Hof stolziren,
Wir wollen's, traun! und uns aufwarten lassen.

(Titus, Lavinia und der Knabe ab.)

Marcus.

O Himmel, könnt ihr eines guten Mannes
Gestöhn hören und euch nicht sein erbarmen?
Marcus, in seinem Wahnsinn acht' auf ihn,
Deß Herz mehr Narben schweren Leids, als sein
Zerschlagner Schild Spuren des Feindes trägt.
Und doch so fromm, daß er nicht Rache sucht. —
Rächt euch, ihr Himmel, für Andronicus!

(Ab.)

Zweite Scene.

Ein Zimmer im Palast.

Es treten auf **Aaron**, **Demetrius** und **Chiron** von der einen Seite; von der andern der **Knabe Lucius** und ein Diener, mit einem Bündel Waffen und darauf geschriebenen Versen.

Chiron.

Demetrius, da ist der Sohn des Lucius;
Er hat uns eine Botschaft auszurichten.

Aaron.

Ja, tolle Botschaft von dem tollen Alten.

Knabe.

Ihr Herrn, in aller Demuth, wie ich kann,
Grüß' ich Eu'r Gnaden von Andronicus;
(Bei Seite.)
Und bete, daß Roms Götter euch verderben.

Demetrius.

Dank, art'ger Lucius. Was hast du Neues?

Lucius (bei Seite).

Daß ihr enthüllet seid, das ist das Neue,
Als Schurken und als Schänder. — (Zu ihnen.) Sei's genehm euch,
Mein Großahn hat, wohlüberlegt, durch mich
Gesandt die schönsten Waffen seines Rüstsaals,
Um eure edle Jugend zu erfreun,
Die Hoffnung Roms — denn so hieß er mich sprechen,
Und so sprech' ich und bring' euch seine Gaben,
Ihr Herren, dar, daß ihr, wenn noth es thut,
Mögt wohl bewaffnet und gerüstet sein.
Und so verlass' ich euch (bei Seite) als blut'ge Schurken.
(Knabe und Diener ab.)

Demetrius.

Was steckt daran? Ein Zettel, rings beschrieben?
Laßt sehn:

Integer vitae scelerisque purus
Non eget Mauri jaculis nec arcu.

Chiron.

Ein Vers aus dem Horaz; ich kenn' ihn wohl;
Ich las ihn längst in der Grammatik schon.

Aaron.

Ganz recht! — ein Vers aus dem Horaz — ganz recht!
(Bei Seite.)
Da sieht man, was es heißt, ein Esel sein!
Das ist kein Spaß blos; ihre Schuld fand aus
Der Greis, und sendet Waffen her, mit Zeilen,
Die, ohne daß sie's merken, tief verwunden.
Wär' unsre kluge Kaiserin wohlauf,
Andronicus' Idee fänd' ihren Beifall;
Doch ruhe sie derweil in ihrer Unruh. —
Und nun, war's nicht ein Glücksstern, junge Herrn,
Der uns nach Rom geführt, als Fremde, ja,
Als Kriegsgefangne, so erhöht zu werden?
Es that mir wohl, vorm Schlosse dem Tribun
Im Beisein seines Bruders Trotz zu bieten.

Demetrius.

Und mir noch mehr, daß ein so großer Herr
Uns niedrig schmeichelt und Geschenke schickt.

Aaron.

Hatt' er nicht Ursach, Prinz Demetrius?
Habt ihr die Tochter nicht sehr gut behandelt?

Demetrius.

O, trieben wir nur tausend römische Damen
So in die Enge, unsrer Lust zu fröhnen!

Chiron.

Ein frommer, liebevoller Wunsch fürwahr!

Aaron.

Wär' eure Mutter hier, sie spräche Amen.

Chiron.

Das spräche sie für zwanzigtausend mehr.

Demetrius.

Kommt, laßt uns gehn, für unsre liebe Mutter
In ihren Nöthen flehn zu allen Göttern.

Aaron (bei Seite).

Zu Teufeln fleht; die Götter hassen uns.
(Trompetenstoß.)

Demetrius.

Was blasen die Trompeten da des Kaisers?

Chiron.

Wahrscheinlich, weil der Kaiser einen Sohn hat.

Demetrius.

Sacht, wer kommt da?
(Eine Amme tritt auf mit einem Mohrenkind.)

Amme.

Gruß euch, ihr Herrn. O sagt mir, saht ihr nicht
Aaron den Mohr?

Aaron.

Aaron im Moor, im Sande, überall!
Aaron ist hier, und was soll Aaron nun?

Amme.

O lieber Aaron, wir sind alle hin!
Jetzt hilf uns oder schlimm ergeh' es dir!

Aaron.

Nun, was für ein Geheul vollführst du da?
Was hältst du eingewickelt auf dem Arm?

Amme.

Was gern ich bärge vor des Himmels Auge.
Der Kais'rin Schande, Schmach des stolzen Roms.
Sie ist entbunden, Herr'n, sie ist entbunden.

Aaron.

Und wer entband sie?

Amme.

Sie kam nieder, mein' ich.

Aaron.

Gott geb' ihr sanfte Ruh! Was sandt' er ihr?

Amme.

'nen Teufel.

Aaron.

Dann ist sie des Teufels Mutter!
Ein heitrer Sprößling!

Amme.

Ein traur'ger, schwarzer, kummervoller Sprößling.
Hier ist das Kind; wie eine Kröte häßlich
Erscheint es bei den Weißen unsers Landes.
Die Kais'rin sendet dir's, dein Bild und Siegel,
Und heißt dich's taufen mit des Dolches Spitze.

Aaron.

Pfui, Metze! Ist das Schwarze so gemein? —
Du, Bausback, bist ein hübsches Blümchen, gelt?

Demetrius.

Schuft, was hast du gethan?

Aaron.

Was du nicht abthun kannst.

Chiron.

Weh thatst du unsrer Mutter?

Aaron.

Wohl that ich deiner Mutter, Schuft.

Demetrius.

Und darin, Höllenhund, thatst du ihr weh.
Weh ihrem Los, Fluch ihrer schmähl'chen Wahl!
Verflucht der Sprößling solches garst'gen Teufels!

Chiron.

Nicht leben soll's.

Aaron.

Nicht sterben soll's.

Amme.

Aaron, es muß. Die Mutter will es so.

Aaron.

Was? Muß es, Amme? Dann üb' ich allein
Das Henkeramt an meinem Fleisch und Blut!

Demetrius.

Das Krötchen spieß' ich auf des Degens Spitze.
Amme, gib mir's; mein Schwert soll rasch es abthun.

Aaron.

Rascher soll dies Schwert dir den Bauch aufschlitzen.
(Er nimmt das Kind der Amme ab und zieht das Schwert.)
Halt, blut'ge Schurken! Euern Bruder tödten!
Nun, bei des Himmels Lichtern, die so hell
Herschienen bei der Zeugung dieses Knaben.
Der stirbt auf meines Degens scharfer Spitze,
Der meinen ält'sten Sohn und Erben anrührt.
Ich sag' euch, Jungen, nicht Enceladen,
Mit seiner grimmen Band' aus Typhon's Brut,
Noch der Alcide, noch der Gott des Kriegs
Reißt diese Beut' aus ihres Vaters Händen.
Wie, ihr leichtblütge, ihr flachherz'ge Bursche!
Ihr, weiße Wände, bunte Wirthshausschilder.
Kohlschwarz ist besser wol als andre Farbe,
Weil sich's nicht andre Farb' auftragen läßt.
Denn alles Wasser in der See kann nie
Des Schwanes schwarzen Fuß in weißen wandeln,
Ob er auch stündlich in der Flut ihn wasche. —
Sage der Kais'rin, ich sei alt genug,
Was mein zu hüten; füge sie sich drein.

Demetrius.

Verräthst du deine edle Herrin so?

Aaron.

Die Herrin ist die Herrin; dies mein Ich;
Die Kraft ist's und das Abbild meiner Jugend,
Dies schätz' ich höher als die ganze Welt,
Dies, trotz der ganzen Welt, will ich bewahren,
Sonst soll in Rom mancher von euch es büßen.

Demetrius.

Die Mutter wird durch dies beschimpft auf ewig.

Chiron.

Roms Abscheu wird sie durch den garst'gen Fehltritt.

Amme.

Der Kaiser wird im Zorn sie sterben lassen.

Chiron.

Erröthen muß ich, denk' ich dieser Schmach.

Aaron.

Ei, das ist ja das Vorrecht eurer Schönheit:
Verrätherfarbe, pfui, die mit Erröthen
Des Herzens Anschläg' und Beschlüss' enthüllt.
Hier ist ein junger Bursch von anderm Aussehn.
Seht, wie der schwarze Bub' anlacht den Vater,
Als wollt' er sagen: Alter, ich bin dein.
Eu'r Bruder ist's, ihr Herrn, sichtbar genährt
Vom selben Blut, das euch das Leben gab;
Und aus dem Schos, drin ihr gefangen lagt,
Ist er befreit und an das Licht gelangt;
Eu'r Bruder ist's von der gewissern Seite,
Obwol sein Antlitz meinen Stempel trägt.

Amme.

Aaron, was sag' ich denn der Kaiserin?

Demetrius.

Aaron, erwäge, was geschehen muß,
Und deinem Rathe fügen wir uns alle.
Sichre das Kind, wenn wir nur sicher sind.

Aaron.

Setzen wir uns denn zur Berathung hin.
Mein Sohn und ich wir haben Acht auf euch;
Bleibt da und sprecht nach Lust von Sicherheit.
(Sie setzen sich.)

Demetrius (zur Amme).

Wie viele Weiber sahen dies sein Kind?

Aaron.

So recht, ihr Herren! Wenn wir uns verbünden,
Bin ich ein Lamm; doch trotzet ihr dem Mohren,
Schwillt der gehetzte Eber, der Gebirgsleu,
Das Weltmeer nicht so schlimm wie Aaron tobt —
Doch, sag's noch mal, wie viele sahn das Kind.

Amme.

Cornelie die Hebamm' und ich selbst,
Und keine sonst als die entbundne Kais'rin.

Aaron.

Die Kaiserin, die Hebamm' und du selbst.
Zwei schweigen wol, ist nur der Dritte fort.
Geh hin zur Kais'rin; sag ihr dies von mir.
(Er ersticht die Amme.)
Quiek, quiek!
So schreit das Ferkel, das man braten will.

Demetrius.

Was willst du, Aaron? Warum thatst du das?

Aaron.

O ja, Herr, ein polit'scher Streich ist das.
Soll die noch leben, unsre Schuld verrathen,
Die schwatzende Gevattrin? Nein, o nein!
Und jetzt erfahret meinen ganzen Plan.
Es wohnt nicht weit mein Landsmann, Muliteus,
Und seine Frau kam gestern Abend nieder.
Sein Kind gleicht ihr, ist weiß, wie ihr seid. Geht,
Eint euch mit dem und gebt der Mutter Gold,
Erzählt den ganzen Sachverhalt den beiden,
Und wie ihr Kind dadurch erhöht soll werden
Und angenommen als des Kaisers Erbe,
Untergeschoben an des Meinen Statt,
Um diesen Sturm am Hofe zu beschwicht'gen.
Da mag's der Kaiser schaukeln als sein eignes.
(Indem er auf die Amme zeigt.)
Hört noch: ihr saht, ich gab ihr Arzenei,
Und ihr müßt nun für ihr Begräbniß sorgen.
Nah ist das Feld und ihr seid tücht'ge Bursche.
Ist das gethan, nehmt keine längre Frist,
Und schickt die Hebamm' alsobald zu mir.
Sind Hebamm' erst und Amme weggeräumt,
So laßt die Frauen schwatzen, was sie wollen.

Chiron.

Aaron, ich sehe, nicht der Luft vertraust du
Geheimniss' an.

Demetrius.

Für diese Sorg' um sie
Sind Tamora und wir dir hoch verpflichtet.
(Demetrius und Chiron ab, die Leiche der Amme wegschleppend.)

Aaron.

Jetzt zu den Gothen, schnell wie Schwalben fliehn,
Den Schatz in meinen Armen dort zu bergen;
Und still der Kais'rin Freunde zu begrüßen. —
Komm her, dicklipp'ger Wicht, fort trag' ich dich,
Denn du bist's, der uns solche Nöthe schafft.
Von Beeren und von Wurzeln sollst du leben,
Von Molk' und Milch, und von der Ziege saugen
In einer Höhle. So will ich dich aufziehn
Zum Kriegsmann und Gebieter eines Lagers.

(Ab mit dem Kinde.)

Dritte Scene.

Ebenda. Ein öffentlicher Platz.

Titus tritt auf, Pfeile mit Briefen an ihren Enden tragend; mit ihm Marcus, der junge Lucius und andere Herren mit Bogen.

Titus.

Komm, Marcus, komm. — Hier Vettern, geht es hin. —
Nun, Knabe, zeige deine Bogenkunst.
Wenn du nur tüchtig anziehst, trifft der Pfeil.
Terras Astraea reliquit:
Denk daran, Marcus, sie ist hin, ist fort.
Nehmt euer Werkzeug, Herrn. Ihr, Vettern, sollt
Das Meer durchspähn und eure Netze werfen.
Ihr fangt vielleicht sie in der See, doch da ist
Nicht mehr Gerechtigkeit als auf dem Lande. —
Nein, Publius und Sempronius, euch gebührt's;
Mit Spaten und mit Hacke müßt ihr graben
Und dringen in der Erde Mittelpunkt.
Und wenn ihr da in Pluto's Reich gelangt,
So überreicht ihm, bitt' ich, diese Bittschrift;
Sagt ihm, um Recht und Beistand flehe sie
Und komme von Andronicus dem Greis,
Vom Leid gebeugt im undankbaren Rom. —
Ach, Rom! — Wohl, wohl; unglücklich macht' ich dich,
Zur Zeit, als ich des Volkes Stimmen dem
Zuwandte, der mir solch ein Wüthrich ist. —
Geht, macht euch fort; seid achtsam alle, bitt' ich,

Und lasset nicht ein Kriegsschiff undurchsucht;
Einschiffte sie vielleicht der böse Kaiser;
Und Vettern, dann — fahr wohl, Gerechtigkeit.

Marcus.

O Publius, ist das nicht ein harter Schlag,
Den edeln Oheim so verrückt zu sehn?

Publius.

Deswegen liegt es sehr uns ob, o Herr,
Bei Tag und Nacht sorgfältig ihn zu hüten,
Und seine Laune freundlich hinzuhalten,
Bis uns die Zeit ein heilsam Mittel beut.

Marcus.

Kein Mittel gibt's für seine Leiden, Vettern.
Stoßt zu den Gothen, und im Rachekrieg
Laßt Rom für diesen schnöden Undank büßen
Und strafet den Verräther Saturnin.

Titus.

Wie nun, o Publius? Wie nun, ihr Herrn?
Sagt, habt ihr sie getroffen?

Publius.

Nein, lieber Herr; doch Pluto läßt Euch sagen:
Wollt Ihr die Rache aus der Hölle, gut.
Doch die Gerechtigkeit ist so beschäftigt,
Bei Zeus im Himmel oder sonstwo, meint er,
Daß Ihr durchaus noch etwas warten müßt.

Titus.

Er kränkt mich, wenn er mich mit Aufschub hinhält.
Einbrech' ich in den Höllenpfuhl und hole
Sie bei den Fersen aus dem Acheron. —
Marcus, wir sind nur Sträucher, keine Cedern,
Nicht starke Männer von Cyklopenwuchs,
Doch, Marcus, von Metall, Stahl durch und durch;
Vom Leid gebeugt, mehr als der Rücken trägt;
Wenn die Gerechtigkeit in Erd' und Hölle
Nicht weilt, flehn wir zum Himmel, daß die Götter
Sie niedersenden, unser Weh zu rächen.
Kommt ans Geschäft! Marcus, du tücht'ger Schütze,

(Er gibt ihnen die Pfeile.)

Ad Jovem, der für dich; hier, Ad Apollinem; —
Ad Martem, der für mich.
Hier, Knab', an Pallas; hier, an den Mercur;
Hier an Saturn, Cajus, nicht Saturnin;
Das hieße ja dem Wind entgegenschießen. —
Dran, Knabe! — Marcus, schieße, wenn ich's sage.
Bei meinem Wort, vergebens schrieb ich nicht:
Kein Gott, den ich unangefleht gelassen!

Marcus.

Schießt, Vettern, alle Pfeile in den Hof;
Thun wir dem Kaiser weh in seinem Stolz!

Titus.

Nun schießt, ihr Herren. (Sie schießen.) Brav, mein Lucius.
Knab', in den Schoß der Virgo; gib's der Pallas.

Marcus.

O Herr, ich ziele übern Mond hinweg;
Eu'r Brief ist unterdeß beim Jupiter.

Titus.

Ach, Publius, was hast du da gethan?
Ein Horn dem Taurus hast du abgeschossen.

Marcus.

So war der Spaß, o Herr: als Publius schoß,
Stieß der verletzte Stier den Widder so,
Daß dessen Hörner fielen in den Hof.
Der Kais'rin Schurke fand sie dort. Sie lachte
Und sprach zum Mohren, nothgedrungen müss' er
Sie seinem Herrn darbieten als Geschenk.

Titus.

Da geht es hin! Wohl schmeck' es Seiner Gnaden!
(Es tritt auf der Rüpel mit einem Korb und zwei Tauben darin.)
Nachricht vom Himmel! Marcus, sieh, der Bote! —
Bursche, was gibt es? Bringst du Briefe mit?
Wird mir mein Recht? Was sagt denn Jupiter?

Rüpel.

Ach, Herr, ich kenne den Jupiter nicht. Ich trank
Zeitlebens nicht mit ihm.

Titus.

Wie, Schurke, bringst du keine Nachricht?

Rüpel.

Nur meine Tauben, Herr, sonst nichts.

Titus.

Wie, kommst du nicht vom Himmel?

Rüpel.

Vom Himmel? Ach Herr, da kam ich nie hin. Gott verhüte, daß ich so dreist wäre, mich in jungen Jahren in den Himmel einzudrängen! Nein, ich gehe mit meinen Tauben zu dem Tribunal Plebs, um einen Zank beizulegen zwischen meinem Oheim und einem von des Kaisers Leuten.

Marcus.

Ei, Herr, das trifft sich so gut wie möglich für Eure Eingabe. Laßt ihn die Tauben dem Kaiser in Euerm Namen überreichen.

Titus.

Sag' mir, kannst du dem Kaiser eine Eingabe mit einigem Anstand überreichen.

Rüpel.

Nein, wahrlich, Herr, ich war zeitlebens nicht auf dem Anstand.

Titus.

Bursch, komm hierher. Mach keine Schwierigkeit,
Und übergib dem Kaiser deine Tauben;
Durch mich sollst du von ihm dein Recht erhalten.
Nimm hier indeß für deine Mühe Geld.
Gebt Tint' und Feder her. —
Bursch, kannst du mit Anstand eine Supplik überreichen?

Rüpel.

Ja, Herr.

Titus.

So hast du hier eine Supplik. Und wenn du zu ihm kommst, mußt du beim ersten Antreten hinknien; dann ihm den Fuß küssen; dann deine Tauben überreichen und dann deinen Lohn erwarten. Ich werde zur Hand sein; sieh, daß du es ordentlich machst.

Rüpel.

Seid unbesorgt, Herr; laßt mich nur gewähren.

Titus.

Hast du ein Messer, Bursch? Komm, laß mich sehn. —
Hier, Marcus, schlag es in die Eingab' ein.
Sie lautet wie bescheidene Supplik. —
Und wenn du sie dem Kaiser übergeben,
Klopf' an bei mir und sag' mir, was er sagt.

Rüpel.

Gott mit Euch, Herr; ich werd's.

Titus.

Komm, Marcus, laß uns gehn. — Folge mir, Publius.

(Ab.)

Vierte Scene.

Ebenda. Vor dem Palast.

Es treten auf Saturninus, Tamora, Demetrius, Chiron, Herren und andere; Saturninus mit den Pfeilen in der Hand, welche Titus abschoß.

Saturninus.

Ihr Herren, welche Unbill! Wurde je
Ein Kaiser Roms mit solchem Uebermuth
Und Trotz behandelt und, weil er das Recht
Parteilos übte, solcher Art verhöhnt?
Ihr wißt, ihr Herrn — die mächt'gen Götter wissen's —
Was auch die Störer unsers Friedens blasen
Ins Ohr des Volks, daß nur gesetzgemäß
Verfahren wurde mit Andronicus'
Unbänd'gen Söhnen. Wenn nun sein Verstand
Von seinem Kummer überwältigt ward,
Sollen wir deshalb so behelligt werden
Vom bittern Ausbruch seines tollen Wahns?
Zum Himmel schreibt er jetzt, daß der ihm helfe;
Seht, hier an Jupiter, hier an Mercur,
Hier an Apoll, hier an den Kriegsgott; schöne
Papier', in röm'schen Straßen rings zu flattern!
Was heißt das sonst, als den Senat verlästern

Und allwärts ausschrein, daß wir ungerecht?
Ein prächt'ger Einfall, ist's nicht so, ihr Herrn?
Als sagte wer, es sei kein Recht in Rom.
Doch sein verstellter Wahnsinn soll fürwahr
Kein Schutz ihm sein bei solcher Ungebühr;
Er und sein Stamm soll wissen, daß das Recht
In Saturninus lebt, und wenn es schläft,
Wird er's so wecken, daß vor seiner Wuth
Der stolzeste Verschwörer fallen soll.

Tamora.

Huldvoller Fürst, geliebter Saturnin,
Herr meines Lebens, meines Geists Gebieter,
Trag' in Geduld des Titus Altersschwäche,
Die Frucht der Trauer um die tapfern Söhne,
Deren Verlust sein Herz so tief verwundet.
Richt' ihn in seinem Jammer lieber auf,
Als daß du den Geringsten oder Höchsten
Um diese Unbill strafst. — (Bei Seite.) So steht's der klugen
Tamora an, mit allen schön zu thun.
Doch, Titus, bis ans Leben traf ich dich,
Dein Herzblut strömt. Ist Aaron jetzt gescheit,
Steht alles gut, der Anker liegt im Hafen. —
(Der Rüpel tritt auf.)
Nun, guter Mensch, wolltest du was von uns?

Rüpel.

Ja wohl, wenn Euer Gnaden kaiserlich sind.

Tamora.

Ich bin die Kaiserin, dort sitzt der Kaiser.

Rüpel.

Der ist's! — Gott und Sanct-Steffen geben Euch guten Abend.
Ich habe Euch hier einen Brief und ein Paar Tauben gebracht.
(Saturninus liest den Brief.)

Saturninus.

Geht, schleppt ihn fort und hängt ihn alsogleich.

Rüpel.

Wie viel Geld soll ich bekommen?

Tamora.

Komm, Bursche; du sollst gehängt werden.

Rüpel.

Gehängt? Bei Unserer lieben Frau, da habe ich meinen Hals schön angebracht.

(Ab mit der Wache.)

Saturninus.

Schmachvoll, unleidlich schwere Kränkungen!
Duld' ich noch diese ärgste Büberei?
Ich weiß, von wannen dieser Anschlag stammt!
Ist das erträglich? — Als ob seine Söhne,
Die dem Gesetz für unsers Bruders Mord
Verfielen, ungerecht geschlachtet wären! —
Geht, schleppt den Schurken bei den Haaren her.
Nicht Ruhm, noch Alter soll ein Vorrecht schaffen.
Für diesen Hohn will ich dein Henker sein,
Schlau-toller Wicht, der mich groß machen half
Und Rom und mich selbst zu beherrschen hoffte. —

(Aemilius tritt auf.)

Was gibt's, Aemilius?

Aemilius.

Rüstet euch, Herrn! Nie that es Rom mehr noth.
Die Gothen sammeln sich; mit einer Schar
Von kühn entschlossnen, beutelust'gen Leuten
Ziehn sie mit Macht hierher, von Lucius,
Dem Sohne des Andronicus, geführt;
Er, im Verfolge dieser Rache, droht
So weit zu gehn, wie Coriolanus ging.

Saturninus.

Der tapfre Lucius ist der Gothen Feldherr?
Die Botschaft knickt mich, und mir sinkt das Haupt,
Wie sturmgemähtem Gras, verfrornen Blumen.
Ja, jetzt fängt unsre Noth an sich zu nahn.
Er ist's, den das gemeine Volk so liebt;
Ich habe selber oft sie sagen hören,
Wenn ich umhergewandert unerkannt,
Daß Lucius' Verbannung ungerecht,
Und daß sie Lucius sich zum Kaiser wünschten.

Tamora.

Was fürchtet Ihr? Ist unsre Stadt nicht fest?

Saturninus.

Ja, doch die Bürger neigen Lucius zu,
Und werden mir abtrünnig, ihm zur Stärkung.

Tamora.

Herr, sei dein Sinn voll Hoheit wie dein Name!
Wenn Mücken in ihr fliegen, trübt's die Sonne!
Der Adler läßt die kleinen Vögel singen
Und kümmert nicht sich, was sie damit meinen;
Er weiß, daß er mit seiner Flügel Schatten
Leicht ihren Sang verstummen lassen kann;
Und so auch du die wankelmüth'gen Römer.
So sei denn gutes Muths; denn, wisse, Kaiser,
Ich will den Greis Andronicus bezaubern
Mit Worten, süßer, doch gefährlicher
Als Fischen Köder, Schafen Honigklee,
Da diese von dem Köder wund, und jene
Krank werden von dem allzu süßen Futter.

Saturninus.

Doch wird er seinen Sohn nicht für uns bitten.

Tamora.

Wenn Tamora ihn bittet, wird er's thun.
Sein altes Ohr kann schmeichelnd ich mit goldnen
Versprechen füllen, daß, wär' auch sein Herz
Fast uneinnehmbar, seine Ohren taub,
Doch Ohr und Herz gehorchten meiner Zunge. —
(Zu Aemilius.)
Geh du voran, als unser Abgesandter;
Sag', daß der Kaiser ein Gespräch verlangt
Vom tapfern Lucius, und den Platz bestimme
Im Hause des Andronicus, des Vaters.

Saturninus.

Geziemend richte diese Botschaft aus.
Wenn er, zur Sicherheit, auf Geiseln dringt,
So fordr' er jedes Pfand, das ihm beliebt.

Aemilius.

Ich werde sorgsam Eu'r Gebot vollziehn.
(Ab.)

Tamora.

Nun will ich zu Andronicus, dem Alten,

Und ihn mit aller meiner List so stimmen,
Daß er vom Gothenheere Lucius trenne.
Und nun, mein Kaiser, sei du wieder heiler,
Begrab' all deine Furcht in meinem Anschlag.

Saturninus.

So gehe mit Erfolg und red' ihm zu.
(Ab.)

Fünfter Aufzug.

Erste Scene.

Ebene bei Rom.

Es treten auf Lucius und Gothen, mit Trommeln und Fahnen.

Lucius.

Erprobte Krieger und getreue Freunde,
Vom großen Rom erhielt ich Briefe, welche
Kundthun, wie sehr sie ihren Kaiser hassen
Und wie nach unserm Anblick sie verlangt.
Seid deshalb, Herrn, wie eure Titel zeugen,
Großmächtig, keine Unbill ferner duldend;
Und worin Rom euch je geschädigt hat,
Laßt sie dreifältigen Ersatz gewähren.

Erster Gothe.

Du tapfrer Sproß Andronicus' des Helden,
Deß Nam' einst unser Schreck, nun unser Trost;
Und dessen hohe, ehrenvolle Thaten
Rom undankbar mit schnödem Hohn vergilt;
Sei kühn in uns; wir folgen allwärts dir
Wie Stachelbienen, die im heißen Sommer
Die Königin auf Blumenfelder führt;
Nimm Rach' an der verfluchten Tamora.

Alle Gothen.

Und was er spricht, wir sprechen's all' ihm nach.

Lucius.

In Demuth dank' ich ihm und dank' euch allen. —
Doch wen bringt da ein muntrer Gothe her?

(Es tritt auf ein Gothe mit Aaron, der sein Kind auf den Armen trägt.)

Zweiter Gothe.

Vom Heere schweift' ich ab, erlauchter Lucius,
Mir ein verfallnes Kloster anzuschaun;
Und als ich sorgsam heftete mein Auge
Auf das zerstörte Bauwerk, hört' ich plötzlich
Ein Kind laut schreien unter einer Mauer.
Nach ging ich dem Geräusch und hörte bald
Das schrei'nde Kind mit solchem Wort besprechen:
„Still, brauner Bursch, halb ich, halb deine Mutter,
Verrieth' die Farbe nicht, weß Balg du bist,
Lieh' die Natur der Mutter Aussehn dir,
Ein Kaiser hätt'st du werden können, Schurke;
Wo aber beide, Stier und Kuh, milchweiß,
Da zeugen sie niemals ein kohlschwarz Kalb.
Still, Schurke, still" — so meistert' er das Kind —;
„Ich bringe dich zu einem treuen Gothen,
Der, wenn er hört, du sei'st der Kais'rin Kind,
Um deiner Mutter halb dich lieben wird."
Da stürzt' ich auf ihn los mit blankem Schwert,
Und übermannt' ihn rasch und bracht' ihn her,
Daß Ihr den Mann behandelt, wie Euch gutdünkt.

Lucius.

Mein Gothe, dieser eingefleischte Teufel
War's, der Andronicus der Hand beraubt;
Der ist die Perl' in eurer Kais'rin Auge,
Und hier ist seiner Wollust Bastardfrucht. —
Wohin, weißäugig Scheusal, wollt'st du schaffen
Hier deiner Teufelsfratze wachsend Abbild?
Kannst du nicht sprechen? Taub? Wie, nicht ein Wort?
Ein Strick, Soldaten! hängt ihn hier am Baum
Und neben ihm ist für den Bastard Raum.

Aaron.

Rührt nicht das Kind an; 's ist aus Königsblut.

Lucius.

Dem Vater gleicht's und wird drum niemals gut.
Hängt erst das Kind, daß er es zappeln sehe;
Der Anblick thut dem Vaterherzen wehe.
Schafft mir 'ne Leiter her.

Aaron.

Verschone, Lucius,
Das Kind und bring's von mir der Kaiserin.
Thust du's, zeig' ich dir wundersame Dinge,
Die dir zu hören mächtig frommen mag.
Willst du es nicht, geschehe was da will,
Die Rache tilg' euch all'; ich schweige still.

Lucius.

Sprich weiter; sagt dein Wort mir zu, so bleibt
Das Kind am Leben und ich lass' es aufziehn.

Aaron.

Wenn es dir zusagt? Lucius, sei gewiß,
Dir in der Seele wehthun wird mein Wort.
Zu reden gilt's von Mord, Gemetzel, Nothzucht,
Von Thaten schwarzer Nacht, graunvollem Thun,
Von argen Planen, Bübereien, Verrath,
Dem Ohr entsetzlich, kläglich doch vollführt.
Das alles soll mit mir begraben sein,
Schwörst du mir nicht, es bleibt mein Kind am Leben.

Lucius.

Sprich weiter nur, es bleibt dein Kind am Leben.

Aaron.

Schwör's, daß es bleibt, und dann werd' ich beginnen.

Lucius.

Ein Schwur? Bei wem? Du glaubst an keinen Gott.
Steht's so, wie kannst du einem Eide glauben?

Aaron.

Nun, wenn ich's nicht thu' — in der That, ich thu's nicht —
Doch weil ich weiß, daß du frommgläubig bist,
Und in dir hast ein Ding — man nennt's Gewissen —
Nebst zwanzig pfäff'schen Possen und Gebräuchen,
Die ich dich stets sorgfältig üben sah,
Drum heisch' ich deinen Eid; dieweil ich weiß,

Ein Narr hält seine Kolbe für 'nen Gott,
Und wahrt den Eid, den bei dem Gott er schwört,
Heisch' ich den Eid; deshalb sollst du geloben
Bei jenem Gott — was für ein Gott es sei —
Den du anbetest und verehrst, daß du
Mein Kind verschonen, nähren, aufziehn willst;
Wo nicht, so werd' ich gar nichts dir entdecken.

Lucius.

Bei meinem Gotte schwör' ich dir, ich will's.

Aaron.

Wisse zuerst, ich zeugt' es mit der Kais'rin.

Lucius.

O unersättlich geil wollüstig Weib!

Aaron.

Bah, Lucius, das war eine Liebesthat,
Mit dem verglichen, was du weiter hörst.
Der Kais'rin Söhne mordeten Bassianus,
Sie schnitten deiner Schwester Zung' und Händ' ab,
Schändeten sie und machten sie so schmuck.

Lucius.

Schmuck machen nennst du das, scheusal'ger Schurke?

Aaron.

Man wusch und schnitt sie schmuck, ja, und es war
Ein schmucker Spaß für die, die es vollbrachten.

Lucius.

O, viehisch rohe Schurken, wie du selbst!

Aaron.

Gewiß, ich war der Meister, der sie anwies;
Die Geilheit hatten sie von ihrer Mutter —
So sicher, wie 'ne Karte je im Spiel —
Den blut'gen Sinn, den lernten sie von mir —
So zuverläßig, wie ein Hund im Kampf.
Nun, mag mein Thun denn meinen Werth bezeugen:
Ich lockte deine Brüder hin zum Loche,
In welchem Bassianus' Leiche lag.
Ich schrieb den Brief, auf den dein Vater stieß,
Und barg das Gold, das in dem Brief erwähnt war,

Im Bund mit Tamora und ihren Söhnen;
Und nichts geschah, drob du zu klagen hast,
Worin ich nicht zum Unheil mitgewirkt.
Ich prellte deinen Vater um die Hand,
Und als ich sie erlangt, ging ich beiseit
Und brach mir fast das Herz vor heft'gem Lachen.
Ich spähte durch den Spalt der Wand, als er
Für seine Hand der Söhne Köpf' erhielt,
Sah seine Thränen, lachte so von Herzen,
Daß meine Augen naß wie seine waren.
Und als ich von dem Spaß der Kais'rin sagte,
Gerieth sie drüber außer sich vor Lust
Und gab für den Bericht mir zwanzig Küsse.

Erster Gothe.

Kannst du das alles sagen ohn' Erröthen?

Aaron.

Ja, wie ein schwarzer Hund, so heißt's im Sprichwort.

Lucius.

Thun diese Greuelthaten dir nicht leid?

Aaron.

Ja, daß ich nicht noch tausend mehr vollbracht.
Selbst jetzt fluch' ich dem Tag — und meine doch
Nur wen'ge Tage trifft des Fluchs Bereich —
An dem ich nichts auffällig Böses that;
Wie Todtschlag oder doch den Plan dazu,
Wie Nothzucht oder doch den Weg dazu,
Unschuldige verklagen, Meineid schwören,
Todfeindschaft stiften zwischen zweien Freunden,
Der armen Leute Vieh verderben, nachts
Anzünden Scheun' und Heu und die Besitzer
Den Brand mit ihren Thränen löschen heißen.
Oft grub ich Todte aus den Gräbern auf
Und stellte sie vor ihrer Freunde Thür,
Wenn deren Trauer fast vergessen war;
Und in die Haut, wie in der Bäume Rinde,
Ritzt' ich in röm'schen Lettern mit dem Messer:
„Nicht sterben darf eu'r Gram, bin ich gleich todt."
Pah! tausend grausenvolle Dinge that ich
So leicht wie einer eine Fliege tödtet,

Und nichts, fürwahr, thut mir so herzlich leid,
Als daß ich nicht zehntausend mehr kann thun.

Lucius.

Herunter mit dem Teufel, denn es ist
Das Hängen ein zu süßer Tod für ihn.

Aaron.

Wenn's Teufel gibt, ich wollt' ich wär' ein Teufel,
Und lebt' und brennt' in ew'ger Glut, und hätte
Euch zur Gesellschaft in der Hölle nur,
Und marterť euch mit meiner bittern Zunge!

Lucius.

Stopft ihm den Mund und laßt ihn nicht mehr reden.

(Ein Gothe tritt auf.)

Gothe.

Es ist ein Bote da von Rom, o Herr,
Der bei dir vorgelassen werden möchte.

Lucius.

Er möge kommen.

(Aemilius tritt auf.)

Gruß dir, Aemilius! Was gibt's von Rom?

Aemilius.

Euch, Lucius, und euch, Gothenfürsten, grüßt
Der röm'sche Kaiser alle hier durch mich,
Und weil er hört, daß Ihr in Waffen steht,
Heischt Zwiesprach er in Euers Vaters Haus;
Ihr möget Eure Geiseln nur begehren,
Die stracks Euch überliefert werden sollen.

Erster Gothe.

Was sagt der Feldherr?

Lucius.

Aemilius, laß den Kaiser seine Pfänder
Dem Vater und dem Oheim Marcus geben,
So kommen wir. — Rückt denn von dannen.

(Ab.)

Zweite Scene.

Rom. Vor Titus' Hause.

Es treten auf Tamora, Demetrius und Chiron, verkleidet.

Tamora.

In dieser fremden, ernsten Tracht will ich
Begegnen dem Andronicus und sagen:
Ich sei die Rache, aus der Höll' entsandt,
Um seiner schweren Unbill abzuhelfen.
Klopf' an sein Bücherzimmer, wo er weilen
Und arge Rachepläu' ausdenken soll,
Sag' ihm, die Rache kam, um ihm zu helfen,
Daß seine Feind' in ihr Verderben stürzen.

(Sie klopfen an. Titus erscheint oben.)

Titus.

Wer stört in meinem Grübeln mich? Ist's euer
Kunstgriff, mich meine Thür aufthun zu lassen,
Daß meine Straferlasse so entfliegen
Und all mein Studium vergeblich sei?
Ihr täuscht euch, denn was ich gewillt zu thun bin,
Seht hier, in blut'ger Schrift setzt' ich es auf:
Und was geschrieben, soll vollzogen werden.

Tamora.

Titus, mit dir zu reden kam ich her.

Titus.

Kein Wort! Wie könnt' ich meine Rede schmücken,
Da mir die Hand fehlt zum Geberdenspiel?
Du bist im Vortheil gegen mich; drum still.

Tamora.

Kenntest du mich, du würdest mit mir reden.

Titus.

Ich bin nicht toll, ich kenne dich zu gut.
Es zeugt der Stumpf der Hand, die rothen Zeilen,
Die Runzeln, welche Gram und Sorge grub,
Es zeugt der müde Tag, die schwere Nacht,

Es zeugt mein Jammer, daß ich wohl dich kenne
Als unsre stolze Kaiſ'rin Tamora.
Gilt nicht dein Kommen meiner andern Hand?

Tamora.

Betrübter, wiſſ', ich bin nicht Tamora,
Sie deine Feindin, deine Freundin ich.
Ich bin die Rache aus der Höll' entſandt,
Den Geier, der dein Herz nagt, zu beſchwicht'gen,
Indem ich Rache nehm' an deinen Feinden.
Komm, heiß' mich auf der Oberwelt willkommen;
Berathe dich mit mir um Mord und Tod.
Es gibt kein Höhlenloch und kein Verſteck,
Kein ödes Dunkel und kein dunſt'ges Thal,
Wo blut'ger Mord und grauſ'ger Raub aus Furcht
Sich bergen könnten, daß ich ſie nicht fände,
Und ihnen nennte meinen Schreckensnamen,
Die Rache, die den Sünder zittern macht.

Titus.

Biſt du die Rache, und zu mir geſandt,
Um meinen Feinden eine Qual zu ſein?

Tamora.

Ich bin's; ſo komm und heiße mich willkommen.

Titus.

Thu' einen Dienſt mir, eh ich zu dir komme.
Sieh, dir zur Seite ſtehen Raub und Mord;
Nun zeige mir, daß du die Rache biſt;
Erſtich ſie oder laß ſie durch dein Rad
Zerreißen; als dein Wagenlenker will ich
Alsdann mit dir um die Geſtirne jagen.
Schaff' dir zwei ſchöne Roſſ' an, kohlenſchwarz,
Raſch deinen Rachewagen fortzuziehn
Und Mörder auszuſpähn in ihren Höhlen;
Und iſt dein Wagen voll von deren Köpfen,
So ſteig' ich ab, und will den ganzen Tag
Neben dem Rad herlaufen wie ein Knecht,
Vom Aufgang des Hyperion im Oſten
Bis ganz zu ſeinem Niedergang im Meer.
Und täglich will ich thun dies ſchwere Werk,
Wenn du den Raub da und den Mord vernichteſt.

Tamora.

Als meine Diener kommen sie mit mir.

Titus.

Sind deine Diener das? Wie heißen sie?

Tamora.

Sie heißen Raub und Mord, und heißen so,
Weil sie an der Art Leuten-Rache nehmen.

Titus.

O Herr, wie gleichen sie der Kaiſ'rin Söhnen
Und du der Kaiſ'rin; doch wir ird'ſchen Menſchen
Wir haben ſchwache, toll ſich irr'nde Augen.
O holde Rache, jetzt komm' ich zu dir.
Wenn Eines Arms Umarmung dir genügt,
So will ich dich ſogleich damit umarmen.

(Titus geht oben ab.)

Tamora.

Ihn ſo behandeln paßt zu ſeinem Wahnſinn.
Womit ich auch ſein hirnkrank Treiben nähre,
Ihr müßt's in euern Reden aufrecht halten;
Denn für die Rache ſieht er feſt mich an.
Und da er in dem Wahn leichtgläubig iſt,
Soll er nach Lucius, ſeinem Sohne, ſenden.
Und wenn ich den beim Mahle ſicher habe,
Fällt mir zur Stelle wol ein Anſchlag ein,
Die wankelmüth'gen Gothen zu zerſtreun,
Wo nicht, zu ſeinen Feinden ſie zu machen.
Da kommt er, laßt mich meine Rolle ſpielen.

(Titus tritt auf.)

Titus.

Elend und hülflos war ich lang' um dich.
Willkommen, Furie, meinem Trauerhauſe!
Ihr, Raub und Mord, ihr ſeid mir auch willkommen. —
Wie gleicht der Kaiſ'rin ihr und ihren Söhnen!
Vollſtändig wär't ihr, fehlt' euch nicht ein Mohr.
Gab's ſolchen Teufel nicht in aller Hölle?
Denn ich weiß wol, nie geht die Kaiſ'rin aus,
Daß nicht ein Mohr ihr beigeſellt erſchiene.
Und wenn Ihr richtig ſie darſtellen wollet,

So ziemt' es sich, Ihr hättet solchen Teufel.
Doch auch willkommen so! Was ist zu thun?

Tamora.

Was sollten wir denn thun, Andronicus?

Demetrius.

Zeig' einen Mörder mir, ich nehm' ihn vor.

Chiron.

Zeig' einen Schurken, welcher Raub beging,
Ich bin gesandt, um Rach' an ihm zu üben.

Tamora.

Zeige mir tausend, welche dich gekränkt,
Und Rach' an ihnen allen will ich üben.

Titus.

Schau' in den bösen Straßen Roms dich um,
Und findest einen Mann du, der dir gleicht,
O, guter Mord, ersticht ihn: 's ist ein Mörder. —
Geh du mit ihm; und wenn zufällig dann
Du einen Zweiten findest, der dir gleicht,
O, guter Raub, ersticht ihn: 's ist ein Räuber. —
Geh du mit ihnen; und am Hof des Kaisers
Ist eine Kön'gin, die ein Mohr begleitet:
An deinem eignen Wuchs kannst du sie kennen;
Denn dir von Kopf zu Füßen ähnelt sie.
Ich bitte, bringe sie gewaltsam um;
Sie waren mir gewaltsam und den Meinen.

Tamora.

Wohl hast du uns belehrt: wir wollen's thun.
Gefiel' es dir, o Freund Andronicus,
Nach Lucius, deinem tapfern Sohn, zu senden,
Der gegen Rom ein Gothenkriegsheer führt,
Und ihn zum Mahl zu laden in dein Haus,
So will ich, wenn er hier an deinem Tisch ist,
Die Kaiserin und ihre Söhne bringen,
Den Kaiser selbst und alle deine Feinde;
Sie sollen knien und dich um Gnade flehn
Und du dein zornig Herz an ihnen stillen.
Was sagt Andronicus zu diesem Plan?

Titus.

Mein Bruder, Marcus! — Titus ruft, der Arme.
(Marcus tritt auf.)
Geh, lieber Marcus, hin zum Neffen Lucius;
Du wirst ihn bei den Gothen schon erfragen:
Lad' ihn zu mir und heiß' ihn mit sich bringen
Etwelche von den ersten Gothenfürsten;
Heiß' ihn die Krieger lagern, wo sie sind.
Sag' ihm, der Kaiser und die Kais'rin speisen
In meinem Haus, und speisen soll er mit.
Thu' du's um meinethalb, und thu' auch er's,
Wie ihm des greisen Vaters Leben lieb ist.

Marcus.

Ich will es thun und kehre bald zurück.
(Ab.)

Tamora.

Nun will ich fort von hier an dein Geschäft
Und nehme meine Diener mit mir fort.

Titus.

Nein, nein, laß Raub und Mord hier bei mir bleiben;
Sonst ruf' ich meinen Bruder noch zurück
Und halte mich an keine Rach' als Lucius.

Tamora (bei Seite zu ihren Söhnen).

Was sagt ihr, Knaben? Wollt ihr bei ihm bleiben,
Dieweil ich meinem Herrn, dem Kaiser, sage,
Wie ich gehandhabt das beschlossne Spiel?
Fügt seiner Laun' euch, schmeichelt, sprecht ihm zu,
Und bleibt bei ihm, bis daß ich wiederkehre.

Titus (bei Seite).

Ich kenne sie, obgleich sie toll mich glauben,
Und prelle sie in ihrem eignen Anschlag,
Die beiden Höllenhunde sammt der Mutter.

Demetrius.

Geht, Fürstin, nach Belieben, laßt uns hier.

Tamora.

Leb' wohl, Andronicus, jetzt geht von hier
Die Rach' und opfert deine Feinde dir.

Titus.

Ich weiß, du thust's, leb' wohl denn, liebe Rache.
(Tamora ab.)

Chiron.

Sprich, alter Mann, wie willst du uns verwenden?

Titus.

Arbeit genug hab' ich für euch zu thun. —
Kommt Publius, Cajus und Valentin.
(Publius und die andern treten auf.)

Publius.

Was ist Eu'r Wille?

Titus.

Kennt ihr diese beiden?

Publius.

Der Kais'rin Söhne scheinen sie zu sein,
Chiron, Demetrius.

Titus.

Pfui, Publius, du täuschest dich gar sehr;
Der eine ist der Mord; Raub heißt der andre;
Und deshalb binde sie, mein Publius,
Cajus und Valentin, legt Hand an sie.
Oft hörtet ihr mich diese Stund' ersehnen,
Jetzt ist sie da: so bindet sie denn fest,
Stopft ihren Mund, wenn sie zu schrein beginnen.
(Ab. Publius u. s. w. packen Chiron und Demetrius.)

Chiron.

Halt, Schurken, halt! Wir sind der Kais'rin Söhne.

Publius.

Und deshalb thun wir, was man uns befahl. —
Stopft ihren Mund, laßt sie kein Wort mehr reden.
Ist er auch fest? Seht, daß ihr fest sie bindet.
(Es kommt zurück Titus mit Lavinia, er mit einem Messer, sie mit einem Becken.)

Titus.

Lavinia, komm, sieh deine Feind' in Banden. —

Stopft ihren Mund, laßt sie zu mir nicht reden,
Doch laßt sie hören meine Schreckensworte. —
Ihr Schurken, Chiron und Demetrius,
Dies ist der Quell, den ihr mit Koth beflecktet,
Der prächt'ge Sommer, den eu'r Winter kränkte.
Ihr würgtet ihren Gatten, und die Schandthat
Büßten zwei ihrer Brüder mit dem Leben.
Mir hieb die Hand man ab und lachte drob;
Ihr beide Händ' und Zung; und das was theurer
Als Zung' und Hand, die fleckenlose Keuschheit,
Unmenschliche Verräther, nahmt ihr ihr.
Was sprächet ihr, wenn ich euch reden ließe?
Ihr könntet nicht vor Scham um Gnade betteln.
Hört, Schurken, wie ich euch zu martern denke.
Die Hand blieb mir, die Kehl' euch abzuschneiden,
Dieweil Lavinia mit den Stümpfen festhält
Das Becken, das eu'r schuldig Blut empfängt.
Ihr wißt, bei mir will eure Mutter speisen,
Sie nennt sich Rache und hält mich für toll. —
Hört, Schurken, eu'r Gebein zu Staub zermalm' ich,
Und mische das und euer Blut zu Teig,
Und aus dem Teig mach' ich Pastetendeckel
Und backe eure Köpfe da hinein;
Da mag die Metze, eure frevle Mutter,
Der Erde gleich, ihr Selbsterzeugtes schlingen.
Das ist das Mahl, zu welchem ich sie lud,
Das das Banket, darin sie schwelgen soll.
Aerg'res als Philomele litt mein Kind,
Aerger als Progne will ich Rache nehmen;
Und nun her eure Kehlen! — Komm, Lavinia.

(Er schneidet ihnen die Kehlen ab.)

Fang' auf das Blut, und wenn sie todt sind, laß
Mich ihr Gebein zu Pulverstaub zermalmen
Und mischen es mit diesem garst'gen Naß;
Und ihre Köpfe back' ich in den Teig. —
Kommt, kommt, es sei ein jeder dienstbeflissen
Für dies Banket, das, wie ich wünsche, grauf'ger
Und blut'ger werd' als der Centauren Mahl. —
Bringt sie hinein; ich spiele jetzt den Koch
Und bis die Mutter kommt, mach' ich sie fertig.

(Ab mit den Leichen.)

Dritte Scene.

Ein Hof in Titus' Haus. Eine Tafel bereitet.

Es treten auf **Lucius**, **Marcus** und **Gothen**, mit **Aaron** als Gefangenem.

Lucius.

Da's meines Vaters Wunsch ist, Oheim Marcus,
Daß ich in Rom sei, so bin ich's zufrieden.

Erster Gothe.

Und wir mit dir; geschehe, was da will.

Lucius.

Mein Oheim, nehmt den wilden Mohren da,
Den gierigen Tiger, den verfluchten Teufel.
Laßt ihn kein Essen haben, fesselt ihn,
Bis man der Kais'rin ihn vor Augen bringt,
Als Zeugen ihres schmachbeladnen Thuns.
Sorgt auch für starken Hinterhalt der Freunde;
Der Kaiser, fürcht' ich, hat nichts Gutes vor.

Aaron.

Ein Teufel flüstre Flüche mir ins Ohr
Und helfe meiner Zunge laut zu äußern
Die Bosheit meines giftgeschwollnen Herzens.

Lucius.

Hinweg, grausamer Hund, heilloser Schuft!
Helft meinem Oheim, ihn hineinzuschaffen.

(Die **Gothen** mit **Aaron** ab. Trompetenstoß.)

Des Kaisers Nahn thun die Trompeten kund.

(Es treten auf **Saturninus** und **Tamora**, mit Tribunen, Senatoren und andern.)

Saturninus.

Wie, hat der Himmel mehr als Eine Sonne?

Lucius.

Was frommt es dir, daß du dich Sonne nennst?

Marcus.

Roms Kaiser und du, Neffe, sprecht besonnen.

Geruhig muß der Streit beredet werden.
Das Mahl ist fertig, welches Titus sorgsam
Zu ehrenvollem Zweck geordnet hat,
Zu Frieden, Freundschaft, Bündniß, Vortheil Roms;
Kommt näher denn, beliebt's, nehmt eure Plätze.

Saturninus.

Wir wollen's, Marcus.

(Hoboen. Die Gäste setzen sich.)

(Es tritt auf Titus, als Koch verkleidet, der die Speisen auf den Tisch legt. Lavinia, verschleiert, der junge Lucius und andere.)

Titus.

Willkommen, gnäd'ger Herr; willkommen, Kön'gin;
Willkommen, tapfre Gothen und du, Lucius,
Willkommen alle! Ist die Kost auch ärmlich,
Wird sie euch sätt'gen doch. So esset denn.

Saturninus.

Wozu trägst du die Tracht, Andronicus?

Titus.

Damit ich sicher wär', daß alles gut,
Eu'r Hoheit und die Kais'rin zu bewirthen.

Tamora.

Verpflichtet sind wir Euch, Andronicus.

Titus.

Ihr wär't es, Fürstin, kenntet Ihr mein Herz.
Mein Herr und Kaiser, löst mir diese Frage:
War's wohlgethan, daß jählings einst Virginius
Mit seiner eignen Hand die Tochter würgte,
Weil sie bewältigt und geschändet ward?

Saturninus.

Es war's, Andronicus.

Titus.

Eu'r Grund, o Herr?

Saturninus.

Damit sie ihre Schmach nicht überlebe
Und durch ihr Dasein stets sein Leid erneure.

Titus.

Ein mächt'ger, starker und wahrhaft'ger Grund;

Ein Muster, Vorbild und lebend'ge Vollmacht
Für mich Elenden, Gleiches zu vollziehn. —
Stirb, stirb Lavinia, mit dir deine Schmach,
Und folge der des Vaters Jammer nach.

(Er tödtet Lavinia.)

Saturninus.

Was thust du da, zur Unnatur versteint?

Titus.

Die würgt' ich, drum ich mich schon blind geweint.
Ich bin so elend, wie Virginius war,
Und habe tausendmal mehr Grund als er
Zu solcher Unthat — und sie ist geschehn.

Saturninus.

Ward sie geschändet? Sprich, wer hat's gethan?

Titus.

Wollt ihr nicht essen? nicht die Speis' empfahn?

Tamora.

Warum erschlugst du deine Tochter? Sprich.

Titus.

's war Chiron und Demetrius, nicht ich.
Ausschnitten sie die Zung', als sie geschändet;
Sie haben all dies Weh an ihr vollendet.

Saturninus.

Geht hin und bringt hierher sie alsogleich.

Titus.

Da sind sie beid' in dem Pastetenteig,
Was ihrer Mutter leckre Speise war,
Da sie das Fleisch aß, das sie selbst gebar.
Wahr ist's; bezeug' es meines Messers Schneide.

(Er tödtet Tamora.)

Saturninus.

Stirb, toller Wicht, für diese That des Fluchs!

(Er tödtet Titus.)

Lucius.

Sieht ungerührt des Vaters Blut der Sohn?
Tod für den Todtschlag dem, und Lohn für Lohn.

(Er tödtet den Saturninus. Großer Aufruhr. Lucius, Marcus und andere steigen auf die Stufen vor Titus' Hause.)

Marcus.

Bestürzte Männer, Volk und Söhne Roms!
Gescheucht vom Aufruhr, wie ein Schwarm von Vögeln,
Den Wind' und Stürme auseinanderjagen,
Laßt mich euch lehren, dies verstreute Korn
Zu einer Garbe wieder zu vereinen,
Zu einem Leibe die zerrissnen Glieder,
Damit nicht Rom ein Fluch sei für sich selbst,
Daß Rom, vor dem sich mächt'ge Reiche neigen,
Nicht wie ein elend Ausgestoßener,
Schmachvoll die Hand anlege an sich selbst.
Doch wenn des Alters frost'ge Mal' und Runzeln,
Ehrbare Zeugen gründlicher Erfahrung,
Euch nicht bewegen meinem Wort zu lauschen,

(Zu Lucius.)

Sprich du, Roms Freund, wie unser Ahnherr einst,
Als er mit feierlichem Mund dem ernst
Achtsamen Ohr der liebeskranken Dido
Bericht von jener grausen Brandnacht gab,
Da schlaue Griechen Troja überfielen.
Sprich, welcher Sinon unser Ohr berückt
Und wer das Unheilswerkzeug hergebracht,
Das *unser* Troja, Rom, in sich verwundet.
Mein Herz ist nicht aus Stein und Stahl gemacht,
Noch thu' ich kund all unser bittres Weh,
Daß Thränenfluten nicht mein Wort ertränken
Und meine Red' ersticken, eben dann,
Da sie am meisten euer Ohr erhält,
Um euer freundlich Mitleid mir zu leihn.
Laßt hier den Feldherrn reden und es wird
Eu'r Herz bei seinem Worte weinend pochen.

Lucius.

So, edler Hörerkreis, sei's euch denn kund,
Demetrius und Chiron waren es,
Die unsers Kaisers Bruder mordeten,
Und die, die unsre Schwester schändeten.
Für *deren* Greuel starben unsre Brüder,

Litt unser Vater Hohn und wurde schmählich
Um jene Hand geprellt, die stets für Rom
Gekämpft und seine Feind' ins Grab gesandt.
Ich endlich wurde grausam selbst verbannt
Und ausgesperrt und weinend ausgestoßen,
Mir Beistand zu erflehn bei Feinden Roms,
Die ihren Haß in meinen Thränen löschten
Und offnen Armes mich als Freund umfingen.
Und ich, der Ausgestoßne, sei's euch kund,
Bewahrt' in meinem Blut die Wohlfahrt Roms
Und wandte von Roms Schos des Feindes Schwert,
Den Stahl in meinen kühnen Leib begrabend.
Ihr wißt es ja, ich bin kein Prahler, ich.
Obgleich sie stumm sind, können meine Narben
Bezeugen, wie gerecht und wahr mein Wort.
Doch still! mich dünkt, ich schweife zu sehr ab,
Mein nicht'ges Lob verkündend. O, verzeiht;
Sind keine Freunde nah, lobt man sich selbst.

Marcus.

Nun kommt das Wort an mich. Seht hier das Kind,
Von ihm entbunden wurde Tamora;
Ein gottverlaßner Mohr hat es erzeugt,
Der Hauptanstifter aller dieser Leiden.
Lebendig steckt in Titus' Haus der Schurke,
Und soll bezeugen, daß dies alles wahr.
Nun urtheilt, welche Ursach Titus hatte,
Solch unaussprechlich schweres Leid zu rächen,
Das schlimmer war als Menschen tragen konnten.
Ihr wißt die Wahrheit nun, was sagt ihr, Römer?
Fehlten wir irgendwie? Zeigt uns, worin,
Und von dem Platz, auf dem ihr jetzt uns seht,
Wir Ueberbleibsel der Androniker,
Kopfüber stürzen wir uns Hand in Hand,
Zerschmettern unser Hirn am rauhen Stein
Und bringen unser Haus zu einem Ende.
Sprecht, Römer, sprecht! und sollt es euch gefallen,
Seht mich und Lucius, Hand in Hand, hier fallen!

Aemilius.

Komm, komm, ehrwürdiger Römer du und bringe
An deiner Hand hold unsern Kaiser her,
Den Lucius, unsern Kaiser, denn ich weiß,
Die allgemeine Stimme ruft: so sei's!

Alle.

Heil dir, o Lucius, Roms erlauchter Kaiser.

(Lucius, Marcus u. s. w. steigen herunter.)

Marcus (zu einigen Dienern).

Geht in des alten Titus' Trauerhaus
Und schleppt den frech ungläub'gen Mohren her,
Daß ihm ein grauſ'ger Martertod bestimmt
Als Strafe werde für sein ruchlos Leben.

(Diener ab.)

Alle.

Heil dir, o Lucius, Roms erlauchter Kaiser!

Lucius.

Dank, liebe Römer: mög' ich herrschen so,
Daß Rom bald der Genesung werde froh!
Doch, liebe Leute, laßt mir Raum indeß —
Ein Traueramt legt die Natur mir auf:
Steht all' bei Seite — Ihr nur naht euch, Oheim,
Mit frommen Thränen diesen Leib zu netzen. —

(Indem er Titus küßt.)

Der warme Kuß auf deine kalten Lippen,
Die Wehmuthstropfen auf dein blut'ges Antlitz,
Die letzten Liebespflichten deines Sohnes!

Marcus.

Thräne für Thräne, Liebeskuß für Kuß
Legt hier auf deinen Mund dein Bruder Marcus.
Wär' ihre Menge, die ich zahlen müßte,
Zahllos, unendlich, würd' ich doch sie zahlen.

Lucius.

Komm, Knabe, komm und lerne hier von uns
Aufgehn in Thränen. Lieb warst du dem Großahn,
Der oft auf seinen Knien dich tanzen ließ,
In Schlaf dich sang, wo seine Brust dein Kissen.
Gar manche Dinge hat er dir erzählt,
Wie sie sich schickten für dein zartes Alter;
In deß Betracht denn wie ein zärtlich Kind
Vergieß aus deinem Quell denn ein'ge Tröpfchen,
Weil die Natur es freundlich so bestellt:

Daß Freund zum Freunde sich im Leid gesellt.
Sag' ihm Lebwohl, befiehl ihn seinem Grab,
Thu' ihm die Lieb' an und nimm von ihm Abschied.

Knabe.

Großvater, ach! von ganzem Herzen wollt' ich,
Ich wäre todt, wenn du nur wieder lebtest. —
O Herr, vor Weinen kann ich nicht mehr sprechen;
Oeffn' ich den Mund, so würgen mich die Thränen.

(Die Diener treten auf mit Aaron.)

Ein Römer.

Hört auf zu trauern, ihr Androniker!
Sprecht Urtheil über dieses Scheusal hier,
Von welchem diese Graungeschicke stammen.

Lucius.

Grabt brusttief in die Erd' ihn zum Verhungern;
So mag er dastehn, toben, schrein nach Speise:
Wenn einer ihn aus Mitleid unterstützt,
So stirbt er für die Schuld. So unser Urtheil.
Sorgt, daß er festgemacht werd' in der Erde.

Aaron.

O, sollte stumm Ingrimm und Wuth denn sein?
Ich bin kein Kind, daß ich mit Angstgebeten
Bereun die Uebel sollte, die ich that.
Zehntausend schlimmre, als ich je gethan,
Möcht' ich vollbringen, hätt' ich meinen Willen.
Wenn ich zeitlebens eine gute That
Gethan, bereu' ich sie von Herzensgrunde.

Lucius.

Den Kaiser mögen treue Freunde nehmen
Und ihn in seines Vaters Grab bestatten.
Mein Vater und Lavinia sei'n sogleich
In unsers Hauses Grabmal beigesetzt.
Für jene grause Tig'rin Tamora,
Geb' es nicht Todtenbrauch noch Trau'rgefolge,
Noch Grabgeläute zur Beerdigung.
Raubthieren und Raubvögeln werft sie vor;
Thierisch und bar an Mitleid war ihr Leben,

Und, da's so war, so find' auch sie kein Mitleid.
Sorgt für des argen Mohren Aaron's Strafe,
Durch den all unser Leidgeschick entstand.
Dann nehmen wir des Staates so uns an,
Daß solches Los ihn nie erschüttern kann.

(Ab.)

Anmerkungen zu „Titus Andronicus“.

S. 3, Z. 8 v. o.: „Kränkt meine Jugend nicht mit solcher Schmach.“ — Die meisten Herausgeber fassen mine age, das in diesem Zusammenhange ohne Zweifel für relatives Alter, d. h. Jugend, steht, im Sinne von seniority. Dann müßte der Vers also lauten: Kränkt nicht mein Altersrecht mit solcher Schmach.

S. 6, Z. 14 v. o.: „Umirren an dem Schreckensstrand des Styx.“ — So lange ihre Leichen nicht bestattet sind, müssen ihre Geister umherirren am Styx, ohne Ruhe zu finden.

S. 7, Z. 7 v. u.: „Dieselben Götter, die der Troerkön'gin“ u. s. w. — Die Königin Hecuba ist gemeint, die dem thrazischen Könige Polymnestre die Augen auskratzte, weil er ihren Sohn Polydoros ermordet hatte.

S. 8, Z. 12 v. o.: „Hier wächst kein böses Gift“ u. s. w. — Nach der Lesart der ersten Quarto no damned drugs (drugges). Andere Herausgeber ziehen die Lesart der Folio grudges vor.

S. 9, Z. 4 v. o.:

„Doch sichrer triumphirt die Todtenfeier,
Die schon zu Solon's Glück emporgestrebt.“

D. h. zu dem von Solon für das einzige erklärte Glück, das erst nach dem Tode für ein solches mit Sicherheit gelten kann.

S. 10, Z. 11 v. u.: „Die Griechen mit Bedacht begruben Ajax.“ — Wenn die Griechen vor Troja nach besserer Ueberlegung, und nachdem Odysseus sich dafür verwandt, den Selbstmörder Ajax feierlich bestatteten, so darf Mucius wol auch einen Platz in dem Erbbegräbniß der Androniker in Anspruch nehmen.

S. 20, Z. 5 v. u.: „Woll'n wir mit Horn und Hund Eu'r Gnaden wecken.“ — Im Text: With horn and hound we'll give your grace bon jour. Titus versteht unter diesem modischen Gruße bon jour den mit Jagdhörnern und dem harmonischen Gebell der Jagdhunde dargebrachten Morgengruß und Aufruf zur Jagd, welcher sonst hunts-up heißt.

S. 23, Z. 1 v. o.:

„Habt Acht, Ihr Herren! Wenn die Kaiserin
Des Misklangs Ursach hört, wird's schlecht ihr klingen.“

Im Original ist hier ein Doppelsinn: This discord's ground. Ground heißt sowol Grund, Ursache, als auch musikalisches Thema.

S. 27, Z. 8 v. o.:

„So ruhe, liebes Gold, und stör' die Ruhe
Derjenigen, denen hilft der Kais'rin Truhe.“

Das Gold, welches Aaron versteckt, stammt aus der Schatzkiste der Kaiserin und ist für die Finder eine Gabe, die ihnen Unruhe schaffen soll.

S. 27, Z. 17 v. o.: „Der irrende Prinz und Dido ihn genossen.“ — Der irrende Prinz, the wandering prince, ist der als irrender Ritter gedachte trojanische Fürst Aeneas.

S. 27, Z. 14 v. u.:

„Fürstin, wenn Eure Wünsche Venus lenkt,
So herrschet der Saturn den meinen ob.“

Dem Planeten Saturn wurde im Gegensatze zu dem erhitzenden Einflusse des Venusgestirns eine abkühlende, niederschlagende Einwirkung zugeschrieben.

S. 27, Z. 1 v. u.: „Wo seine Philomel' einbüßt die Zunge.“ — Als Philomele bezeichnet Aaron die Lavinia, da sie, wie jene nach dem Mythus, ihre Zunge verlieren soll.

S. 29, Z. 11 v. o.:

„Dem König, meinem Bruder, mach' ich's kenntlich. — —
Ja, diese Streiche machten lang' ihn kenntlich.“

Im Original ist hier das Wortspiel von note (notice) und noted.

S. 30, Z. 2 v. o.: „An eines argen Eibenbaumes Stamm.“ — Der auf Kirchhöfen gepflanzte Eibenbaum galt für verderblich, und sein Holz diente zu bösen Zaubern.

S. 30, Z. 13 v. o.: „Semiramis! — Nein, Tamora, Barbarin.“ — Semiramis wird die Tamora genannt als ein Muster von Wollust und Grausamkeit zugleich.

S. 34, Z. 6 v. u.: „So blaß beschien der Mond den Pyramus." — Den Umstand, daß bei Pyramus' Selbstmord der Mond schien, bei dessen Lichte Pyramus den blutigen Mantel der Thisbe erkannt hatte, benutzte Shakespeare auch im „Sommernachtstraum", um den Mondschein personificirt auftreten zu lassen.

S. 35, Z. 2 v. u.: „Wo ist der König, mein Gemahl?" — Auch im Original wird Saturninus bald king, bald emperor titulirt; ebenso die Tamora bald queen, bald empress.

S. 38, Z. 6 v. u.:

„Ein Tereus wol entehrte dich und schnitt,
Daß du ihn nicht verriethest, dir die Zung' aus."

Auf die Sage vom Tereus, der die Philomele schändete und ihr nachher die Zunge ausschnitt, daß sie ihn nicht verriethe, spielt Shakespeare auch in „Cymbeline" an.

S. 38, Z. 2 v. u.: „Aus eines Brunnenrohrs dreifacher Mündung." — Die alten Ausgaben lesen: As from a conduit with their issuing spouts. Für their liest Hanmer three, indem er annimmt, daß Lavinia zugleich aus dem Munde und den beiden Armstümpfen ihr Blut vergießt.

S. 39, Z. 7 v. o.:

„Es büßte Philomele nur die Zung' ein
Und stickte mühsam in ein Tuch ihr Leid."

Philomele hatte, ihrer Zunge beraubt, die Darstellung ihres Unglücks in ein Tuch gestickt, um ihrer Schwester Prokne so den Frevel des Tereus, des Gatten derselben, zu verrathen.

S. 39, Z. 9 v. u.: „Wie zu des Orpheus Füßen Cerberus." — Im Original heißt Orpheus the Thracian poet, wie im „Sommernachtstraum" the Thracian singer. Mit seiner Musik lullte Orpheus, als er in die Unterwelt niederstieg, den Höllenhund Cerberus ein.

S. 40, Z. 14 v. o.:

„O Erde, vollern Regen spend' ich dir,
Den diese beiden alten Urnen träufeln."

Im Original:

O earth, I will befriend thee more with rain,
That shall distil from these two ancient ruins.

Für ruins empfiehlt sich Hanmer's Emendation urns. Titus nennt seine von Thränen überfließenden Augen alte Gefäße, aus denen Wasser träufelt.

S. 42, Z. 10 v. o.: „Und dieses Weh genährt, das Leben

fristend.“ — Titus' Hände, indem sie ihn speisten und so am Leben erhielten, haben zugleich das Leid, das er jetzt erduldet, aufgezogen.

S. 46, Z. 7 v. u.: „Sonst trüben wir die Luft mit unsern Seufzern.“ — Die Seufzer sind gleichsam Dünste, welche emporsteigend das Firmament verdunkeln.

S. 49. Zweite Scene. — Diese Scene findet sich erst in der Folio, gewiß nicht als ein späterer Zusatz des Dichters, wie die Uebereinstimmung des Stils mit dem übrigen darthut. In den Quartausgaben fehlt sie wahrscheinlich nur deshalb, weil die Schauspieler sie als eine episodische, in den Gang der Handlung kaum eingreifende bei der Aufführung wegzulassen pflegten.

S. 50, Z. 9 v. o.: „Den armen Narrn ertränk' in salz'ger Flut.“ — Im Original: Drown the lamenting fool in sea-salt tears. Fool wird als scherzhaftes Liebkosungswort auch sonst bei Shakespeare auf das Herz angewandt.

S. 50, Z. 18 v. o.: „Handhabe nicht das Thema von den Händen.“ — Im Original hat der Dichter das Wortspiel mit to handle und hand, das er auch in „Troilus und Cressida“ gebraucht: O, handle not the theme, to talk of hands.

S. 53, Z. 5 v. o.:

„Ach, Kind, sorgsamer las Cornelia nie
Den Söhnen vor, als sie Gedichte dir
Und Cicero's Orator vorgelesen.“

Cornelia, die Mutter der beiden Gracchen, Tiberius und Cajus. — Cicero's Orator, eine Abhandlung über die Beredsamkeit.

S. 53, Z. 13 v. u.: „Steh' ich Eu'r Gnaden gerne zu Befehl.“ — Im Original: I will most willingly attend your ladyship. So redet der Knabe in naiver Höflichkeit die Lavinia an, um sein bisheriges Betragen wieder gutzumachen.

S. 55, Z. 15 v. o.: „Magni dominator poli etc.“ — Das lateinische Citat ist mit einigen Modificationen aus Seneca's Tragödie „Hippolytus“ entlehnt.

S. 55, Z. 12 v. u.: „Und Knabe du, des röm'schen Hektor's Hoffnung.“ — Der römische Hektor ist Titus' abwesender Sohn Lucius, dessen Hoffnung der Knabe Lucius war, wie Astyanax die Hoffnung des trojanischen Hektor, seines Vaters.

S. 58, Z. 9 v. o.: „Andronicus' Idee fänd' ihren Beifall.“ — Indem Andronicus an die den Söhnen der Tamora übersandten Waffen einen Zettel mit den Versen des Horaz bindet, des Inhalts, daß der Reine und Schuldlose keiner Waffen bedürfe, hat er damit sein angedeutet, daß die Söhne der Tamora zu diesen Reinen und Schuldlosen nicht gehören.

S. 59, Z. 6 v. o.:

„Aaron den Mohr? — —
Aaron im Moor, im Sande, überall!"

Im Original ist hier ein dem Dichter auch sonst geläufiges Wortspiel zwischen Moor und more:

Aaron the Moor? — —
Well, more or less, or ne'er a whit at all.

S. 64, Z. 18 v. u.: „Terras Astraea reliquit." — Ein Citat aus Ovid's „Metamorphosen". Der Gedanke, daß die Gerechtigkeit die Erde verlassen habe und anderswo aufgesucht werden müsse, wird im Folgenden weiter ausgeführt.

S. 64. Dritte Scene. Aus der Bühnenweisung ergibt sich, daß die Scene in der Nähe des kaiserlichen Palastes, des Hofs, spielt. Im Folgenden werden die einzelnen Sterne und Sternbilder namhaft gemacht, denen die Pfeile zugeschossen werden. Bei der Erwähnung des Widders und dessen Hörnern fehlt auch die Shakespeare so geläufige Anspielung auf die Hörner des Hahnreis nicht.

S. 66, Z. 3 v. u.: „Wird mir mein Recht? Was sagt denn Jupiter?" — Nach dieser Zeile ist ein schwer wiederzugebendes Wortspiel des Originals, zwischen Jupiter und gibbet-maker oder gibbeter ausgelassen.

S. 67, Z. 12 v. o.:

„Sag' mir, kannst du dem Kaiser eine Eingabe mit einigem Anstand überreichen? — —
Nein, wahrlich, Herr, ich war zeitlebens nicht auf dem Anstand."

Im Original wird hier mit der verschiedenen Bedeutung des Wortes grace, „Grazie" und „Tischgebet", gespielt.

S. 74, Z. 4 v. o.: „Schafft mir 'ne Leiter her." — Die alten Ausgaben verbinden die Worte des Originals mit Aaron's folgender Rede, sodaß der Sinn wird: Aaron ist bereit sich hängen zu lassen, wenn nur das Kind gerettet wird. Indeß empfiehlt sich die Emendation Theobald's, der zuerst die Worte Get me a ladder der vorhergehenden Rede des Lucius zuertheilt, als weniger gesucht.

S. 75, Z. 14 v. u.: „Schmuck machen nennst du das, scheusal'ger Schurke?" — Im Englischen: O detestable villain! call'st thou that trimming? Das Verbum to trim, „aufputzen", wird, wie hier im Wortspiel mit dem objectivischen trim, „hübsch", auch anderswo mit obscönem Nebensinne gebraucht.

S. 75, Z. 8 v. u.:

„So sicher wie 'ne Karte je im Spiel —
So zuverlässig, wie ein Hund im Kampf."

Im Original stehen hier zwei sprichwörtlich bekannte Redensarten: As sure a card as ever won the set —
und As true a dog as ever fought at head.

S. 76, Z. 15 v. o.: „Ja, wie ein schwarzer Hund, so heißt's im Sprichwort." — Das Sprichwort lautet: To blush like a black dog.

S. 77, Z. 3 v. o.: „Herunter mit dem Teufel." — Aaron muß seine Rede von der Leiter herab gehalten haben, die er schon bestiegen, um aufgeknüpft zu werden.

S. 78, Z. 3 v. u.: „Es zeugt der Stumpf der Hand, die rothen Zeilen." — Die mit seinem Blute geschriebenen Zeilen, von deren Inhalt er vorher sprach.

S. 79, Z. 15 v. u.: „Sieh, dir zur Seite stehen Raub und Mord." — Rape and Murder im Englischen. Für „Raub" sollte es genauer „Nothzucht" oder „Schändung" heißen. Indeß können die verkleideten Söhne der Tamora hier füglich nur männlich personificirte Begriffe vertreten.

S. 84, Z. 11 v. u.: „Aerger als Progne will ich Rache nehmen." — Progne, die Schwester der Philomele, rächte deren Schändung und Verstümmelung an Tereus, indem sie diesem, ihrem Gatten, den eigenen Sohn als Speise vorsetzte.

S. 84, Z. 3 v. u.: „Und blut'ger werd' als der Centauren Mahl." — Shakespeare kannte aus dem Ovid den Kampf, der sich auf der Hochzeit des Pirithous zwischen Centauren und Lapithen entspann und mit der Ausrottung der erstern endete.

S. 88, Z. 16 v. o.: „Sprich du, Roms Freund, wie unser Ahnherr einst." — Auch in „Julius Cäsar" bezeichnet Shakespeare den Aeneas als den Ahnherrn der Römer (our great ancestor). — Im Folgenden wird auf Einzelheiten der Ueberrumpelung Trojas durch die Griechen angespielt: auf den Griechen Sinon, der die Trojaner überredete, das verderbenschwangere Roß in ihre Mauern zu ziehen.

Druck von F. A. Brockhaus in Leipzig.

www.ingramcontent.com/pod-product-compliance
Lightning Source LLC
Chambersburg PA
CBHW030538270326
41927CB00008B/1435
9783741167577